Julie Brossard

Französisch üben
Lesen & Schreiben A1

Hueber Verlag

3. 2. 1. | Die letzten Ziffern
2024 23 22 21 20 | bezeichnen Zahl und Jahr des Druckes.
Alle Drucke dieser Auflage können, da unverändert, nebeneinander benutzt werden.
1. Auflage

Umschlaggestaltung: Sieveking · Agentur für Kommunikation, München
Layout und Satz: Sieveking · Agentur für Kommunikation, München
Verlagsredaktion: Katrin Dorhmi, Hueber Verlag, München
Druck und Bindung: Firmengruppe APPL, aprinta druck GmbH, Wemding
Printed in Germany
ISBN 978-3-19-067909-6

Art. 530_26891_001_01

Inhaltsverzeichnis

Vorwort

Liebe Lernerinnen, liebe Lerner,

Französisch üben Lesen & Schreiben A1 ist ein Übungsbuch für Anfänger mit geringen Vorkenntnissen zum selbstständigen Üben und Wiederholen. Es eignet sich auch für den unterrichtsbegleitenden Einsatz, zur Überbrückung von Kurspausen oder zur Vorbereitung auf Prüfungen der Niveaustufe A1 des *Gemeinsamen Europäischen Referenzrahmens*.

Französisch üben Lesen & Schreiben A1 orientiert sich an den gängigen A1-Lehrwerken für den Kursunterricht und trainiert die Fertigkeiten Lesen und Schreiben auf diesem Niveau. Die abwechslungsreichen Übungen behandeln alle für die Bewältigung der schriftlichen Alltagskommunikation wichtigen Themen und den entsprechenden Wortschatz. Authentische Textsorten wie E-Mail, Formular oder Chat unterstützen dabei das Leseverstehen und geben Ihnen mehr Sicherheit im schriftlichen Ausdruck.
Das Übungsbuch folgt den Regeln der neuen französischen Rechtschreibung.

Die Lösungen zu allen Übungen finden Sie im Anhang. Zu den Übungen, in denen Sie selbst einen Text schreiben sollen, geben wir jeweils eine mögliche Lösung an.

Und nun wünschen wir Ihnen viel Spaß und viel Erfolg!

Autorin und Verlag

A Premiers contacts

A1 On se présente

1a Auf der Homepage der Kochsendung „La meilleure recette“ werden zwei Anwärter auf den Titel „bester Koch / beste Köchin“ vorgestellt. Lesen Sie, was der erste Kandidat über sich schreibt und füllen Sie dann sein Bewerbungsformular aus.

Bonjour! Je m'appelle Ludovic Letendre. J'ai 52 ans. Je suis de Paris, mais j'habite à Lyon. Je suis cuisinier de profession. Je travaille au restaurant *L'Auberge blanche*.

Moi, j'aime les produits frais et de la région.
Ma recette préférée : la bouillabaisse.

Nom :		Ville d'origine :	
Prénom :		Résidence :	
Âge :		Cuisinier professionnel : Oui ☐ Non ☐	
Nationalité :		Spécialité :	

Mit ***de / d'*** (vor Vokal / stummem *h*) geben Sie an, woher Sie kommen:
Je suis d'Angoulême.

Mit ***à*** geben Sie an, wo Sie wohnen bzw. arbeiten:
J'habite à Nice. Je travaille à Lille.

1b Ergänzen Sie nun die Vorstellung der nächsten Kandidatin mit den folgenden Wörtern.

un restaurant • chinoise • Moi, c'est • ans • à Lyon

______________ Yun Li. J'ai 33 ______________.
Je suis ______________. Je suis née à Shanghai, mais j'habite ______________. J'ai fait mes études ici et maintenant, j'ai ____________________ : *La Carotte bleue*. Nous servons des plats modernes et créatifs. Ma spécialité : le magret de canard.

1c Für die Lyoner Lokalzeitung „Lyon y va !“ wurde der dritte Titelanwärter der Kochsendung interviewt. Beantworten Sie die Fragen des Journalisten mithilfe des Bewerbungsformulars.

Nom :	Hardu	Ville d'origine :	Genève
Prénom :	Nicolas	Résidence :	Villeurbanne
Âge :	32 ans	Cuisinier professionnel : Oui ☐	Non ☒
Nationalité :	suisse	Spécialité :	le bœuf bourguignon

Lyon y va ! Monsieur ________________, vous êtes candidat à l'émission *La meilleure recette*. Est-ce que vous êtes cuisinier professionnel ?

Nicolas Hardu __________. Je travaille comme informaticien, mais ma passion, c'est la cuisine.

Lyon y va ! Vous habitez à Lyon ?

Nicolas Hardu ______________________________________, près de Lyon.

Lyon y va ! Vous êtes français ?

Nicolas Hardu Non. ________________________.

Lyon y va ! Vous êtes d'où ?

Nicolas Hardu ______________________.

Lyon y va ! Une question indiscrète : Vous avez quel âge ?

Nicolas Hardu __________________.

Lyon y va ! Quelles sont vos spécialités ?

Nicolas Hardu J'aime la cuisine française traditionnelle. Ma recette préférée est ___________________________________.

Das Alter gibt man im Französischen mit *avoir* an:

■ *Quel âge avez-vous ?*

▲ *J'ai 53 ans.*

1d Mal angenommen, auch Ihre große Leidenschaft ist das Kochen. Melden Sie sich mit Ihren persönlichen Angaben für den Wettbewerb an.

Nom :		Ville d'origine :	
Prénom :		Résidence :	
Âge :		Cuisinier professionnel : Oui ☐	Non ☐
Nationalité :		Spécialité :	

A2 Nouveau en ville

2a Hélène ist gerade nach Mülhausen gezogen und möchte neue Leute kennenlernen. Sie stellt sich auf der Internetplattform „Nouveau en ville“ vor. Ergänzen Sie ihre Anzeige mit den folgenden Wörtern.

habite • biographies • m'appelle • ans • théâtre • comptable

Bonjour! Je ________________ Hélène Levasseur. Je suis française. J'________________ à Mulhouse depuis trois mois. Je suis ________________ et j'ai 48 ________________.

Je voudrais rencontrer des gens sympas pour faire des activités. J'adore la littérature (romans, ________________ et livres de recettes 😊). J'aime aller au cinéma et au ________________, mais je n'aime pas l'opéra.

adorer, aimer, détester, préférer
+ ***le / la / l' / les*** + Substantiv: *J'aime la danse.*
+ Verb im Infinitiv: *Je n'aime pas danser.*

2b Auch Thomas hat sich bei „Nouveau en ville“ angemeldet. Schreiben Sie seine Anzeige mithilfe der folgenden Informationen.

~~Thomas Forestier~~ • belge • de Bruxelles • journaliste • 35 ans • aimer le sport • adorer le tennis • aimer aller au concert • détester la musique heavy metal

Je m'appelle Thomas Forestier.
____
____
____
____
____

2c Guy hat die Anzeige von Thomas gelesen und könnte sich vorstellen, etwas mit ihm zu unternehmen. Übernehmen Sie die Rolle von Guy und „chatten“ Sie mithilfe der Angaben mit Thomas.

Salut Thomas ! Je m'appelle Guy et moi aussi, je suis nouveau à Mulhouse.

Bienvenue Guy ! Tu es d'où ?

Sie sagen, dass Sie aus Québec kommen.

____

J'adore cette ville. J'ai étudié là pendant un semestre. Je suis journaliste. Et toi, qu'est-ce que tu fais dans la vie?

Sie antworten, dass Sie Fotograf sind.

____

Et tu aimes le sport ?

Sie mögen Fußball und lieben Golf.

____

Moi, je préfère le tennis, mais je joue aussi au golf. C'est super ! On peut jouer ensemble.

Ah non. Moi, j'aime le sport à la télé...

Dommage ! Et tu aimes la musique ?

Ja, Sie mögen Popmusik und Rap, aber Sie hassen Jazz.

____

______________________________. Et toi ?

Moi, j'adore les musiques du monde. Je joue du bongo et du didjeridoo.

Ah bon. C'est intéressant...

A3 Je parle un peu allemand

3a Solange Fontaine möchte Gäste aus der Partnerstadt bei sich in Aix-en-Provence aufnehmen. Sie stellt sich auf der Website „Les amis du jumelage“ vor. Vervollständigen Sie ihren Eintrag mit passenden Formen der folgenden Verben.

être • avoir • habiter • travailler • adorer • aimer

Chers amis de la ville jumelée,

Ma fille Noémie et moi __________ une grande maison et nous pouvons inviter jusqu'à quatre personnes.

Moi, c'est Solange. J'__________ 38 ans. Je _______ de Nîmes, mais j'_____________ et je _____________________ à Aix-en-Provence depuis 15 ans. Je ___________ guide touristique et j'_______________ beaucoup ma ville.
Je parle couramment anglais et un peu allemand.

Noémie __________ 12 ans. Elle est en 5e au collège Château double.
Elle apprend l'allemand et l'anglais à l'école. Elle __________ les langues.

À bientôt !

Solange

3b Beantworten Sie in ganzen Sätzen die Fragen zu Solange und Noémie.

1. Solange est d'où ? ______________________________
2. Noémie a quel âge ? ______________________________
3. Quelle est la profession de Solange ? ______________________________
4. Solange parle quelles langues ? ______________________________
5. Est-ce que Noémie aime apprendre des langues? ______________________________

3c Familie Klein meldet sich bei Solange. Solange kann die Familie aber nicht bei sich aufnehmen. Lesen Sie den Text und finden Sie heraus, warum.

Bonjour Solange,

Nous cherchons un logement pour notre visite à Aix-en-Provence. Nous sommes un couple et trois enfants : Finn, Felizitas et Greta. Notre fils a 12 ans. Au collège, il apprend l'anglais et l'espagnol. Nos filles ont 5 et 3 ans.

Ma femme et moi, nous sommes de Stuttgart, mais nous habitons à Tübingen. Je parle couramment français et anglais et ma femme, Susanne, comprend un peu le français. C'est notre 1ère visite à Aix-en-Provence.

Cordialement,

Jens Klein

3d Martina und ihre Tochter Tamara interessieren sich auch für Solanges Angebot. Tamara, die in der Schule Französisch lernt, hat den folgenden Brief entworfen. Leider haben sich ein paar Fehler eingeschlichen, die ihre Lehrerin schon unterstrichen hat. Korrigieren Sie den Brief.

Bonjour Madame Fontaine, bonjour Noémie,

Nous cherchons un logement pour le weekend du jumelage. Nous sommes deux personnes : <u>mon</u> mère Martina et moi.

Moi, je m'appelle Tamara ou Tamy, pour les <u>ami</u>. ☺
Je <u>suis</u> 14 ans. Je parle <u>anglaise</u> et <u>française</u>. J'aime beaucoup la France.
J'habite <u>de</u> Tübingen.

Ma mère est professeure d'allemand dans un lycée. Elle aime <u>des</u> langues et <u>des</u> voyages.

À bientôt !

Tamara et Martina Steigerwald

P.S. Nous avons aussi une <u>grand</u> maison. Vous pouvez habiter chez nous si vous voulez.

Je parle + Sprache: *Je parle allemand et russe.*
J'apprends / Je comprends ***le*** + Sprache: *J'apprends le chinois.*

3e **Bevor die Gäste aus Tübingen ankommen, möchte Solange ihre Deutschkenntnisse verbessern. Sie findet Karls Anzeige an der Pinnwand der Sprachschule. Er sucht einen Tandempartner / eine Tandempartnerin zum Üben. Ergänzen Sie seine Anzeige.**

Bonjour ! Je cherche un partenaire pour pratiquer des langues étrangères.

En ce moment, j'apprends ____________________  et ____________________ 

Je parle couramment ____________________  et ____________________. 

Je comprends ____________________  et je parle un peu ____________________  et ____________________. 

Karl

3f **Auch Audrey interessiert sich für Sprachen. Sie lernt gerade Russisch, um eine Reise nach Moskau vorzubereiten und sucht ebenfalls eine Person, mit der sie üben könnte. Schreiben Sie nun Audreys Anzeige für die Pinnwand mithilfe der folgenden Informationen.**

Audrey Mueller

Alter: 26 Jahre alt

Beruf: Sekretärin

Sprachen:

 +++

 ++

 ++

 +/–

Bonjour ! Je m'appelle Audrey Mueller et je cherche un partenaire pour pratiquer le ____________________

____

____

____

____

____

____

____

B Au travail

B1 Professions

1a Auf der Berufsmesse „Métiers d'aujourd'hui" werden unterschiedliche Branchen vorgestellt. Ergänzen Sie die Beschreibungen in der Messebroschüre mit den passenden Branchen aus der Liste. Eine Branche bleibt übrig.

Santé • Transport • Technique / Industrie • Secrétariat

MÉTIERS D'AUJOURD'HUI

1 T________________

Vous fabriquez ou réparez des objets. Vous travaillez dans un atelier de production. Vous aimez la mécanique et les machines. Vous êtes précis.

2 ________________

Vous aimez aider des personnes. Vous n'avez pas peur du stress. Vous travaillez dans un hôpital ou une clinique. Vous êtes patient.

3 ________________

Vous organisez des événements, fixez des rendez-vous et écrivez des mails. Vous travaillez dans un bureau. Vous aimez le papier, les ordinateurs et l'ordre.

1b Ergänzen Sie nun die folgende Beschreibung mit der verbleibenden Branche aus Übung 1a sowie den angegebenen Wörtern.

du stress • la route • sportif • dans un véhicule • la géographie

4 ________________________

Vous voyagez et vous êtes souvent sur ______________. Vous connaissez ________________. Vous travaillez ____________________. Vous êtes ____________ et vous n'avez pas peur ______________.

1c Verfassen Sie nun selbst die Beschreibung der Branche „Hôtellerie / Restauration". Gehen Sie dabei auf die folgenden Punkte ein.

- Sie arbeiten in einem Restaurant oder einem Hotel.
- Sie mögen den Kontakt mit Menschen und arbeiten gern mit Touristen.
- Sie sprechen mehrere Fremdsprachen.

5 Hôtellerie / Restauration

Vous travaillez dans ____________________

____

____

____

____

____

Vous connaissez bien la région et ses produits.

1d An welchem Messestand (1 bis 5) werden die folgenden Ansprechpartner stehen, um die Fragen der Besucher zu beantworten?

1. M. Argin (technicien) ☐
2. Mme Roux (chirurgienne) ☐
3. M. Blain (cuisinier) ☐
4. Mme Ben Jelloun (hôtelière) ☐
5. M. Millet (psychiatre) ☐
6. Mme Léman (secrétaire) ☐
7. M. Dulac (employé administratif) ☐
8. Mme Guay (employée de bureau) ☐
9. M. Roy (chauffeur de taxi) ☐
10. Mme Lefin (serveuse) ☐

Die weibliche Form der Berufsbezeichnungen wird meist durch Anhängen eines *-e* gebildet: *employé → employée, avocat → avocate.*
Die wichtigsten Ausnahmen:
-er → -ère : boucher → bouchère
-ier → -ière : hôtelier → hôtelière
-ien → -ienne : technicien → technicienne
Bei Berufen auf *-e i*st die männliche und die weibliche Form gleich: *un/une psychiatre.*

1e **Ergänzen Sie die fehlenden weiblichen Berufsbezeichnungen auf dem Wegweiser.**

Toutes les informations sur les métiers d'aujourd'hui.

Secteur	Métiers
Hôtellerie / Restauration	Agent / *Agente* de réservation Sommelier / ______
Santé	Infirmier / ______ Psychologue / ______
Technique / Industrie	Mécanicien / ______
Agro-alimentaire	Boucher / ______ Marchand / ______ de fruits
Secrétariat	Assistant / ______

1f **Auf einer Internetplattform haben sich die Schulfreunde Vicky und Maurice wiedergefunden. Sie erzählen, was sie jetzt beruflich machen. Lesen Sie Vickys Beitrag und beantworten Sie die Fragen mit vollständigen Sätzen.**

Toi, ici ? C'est super ! Comment vas-tu ? Moi, je suis maintenant ingénieure. Je travaille chez Woohoo. (Cette entreprise fabrique des imprimantes.) C'est un travail intéressant et créatif. J'ai des collègues sympas et compétents et l'ambiance est bonne. Et toi ? Qu'est-ce que tu fais dans la vie ?

1. Quelle est la profession de Vicky ?

______

2. Qu'est-ce que son entreprise fabrique ?

______

3. Comment est son travail ?

______

4. Comment sont ses collègues ?

______

1g Ergänzen Sie die Antwort von Maurice mit den folgenden Wörtern.

les horaires • leurs conflits • policier • utile • monotone

Salut Vicky ! Moi, je suis ___________. C'est un travail difficile, mais vraiment ________. J'aime travailler avec les gens et trouver des solutions à ______________. Ce n'est pas un travail _____________. Chaque jour est différent. Le seul problème : ______________. Je dois souvent travailler le soir. Tu as encore des contacts avec Victorine ?

1h Vicky hat noch Kontakt zu Victorine. Schreiben Sie ihre Antwort, indem Sie die folgenden Wörter in sinnvolle Sätze verwandeln.

- Elle / à / maintenant / habite / Nantes.
- mariée / a / elle / enfants. / est / Elle / et / deux
- vendeuse / dans / boutique / est / Elle / de mode. / une
- son / Elle / beaucoup / travail. / aime
- collègues / sont / son / très sympathique. / Ses / compétents / et / est / chef
- contact / aime aussi / clients. / Elle / avec / les / le

Oui. Elle ____

____

____

____

____

____

____

Si tu veux, on va prendre un café tous les trois. Nantes, ce n'est pas très loin.

B2 Mes collègues

2a Wer könnte sich auf diese Arbeitsstellen bewerben? Ordnen Sie die Anzeigen den Personen auf den Fotos zu.

1

2

3

4

☐ Nous cherchons un danseur de salsa pour spectacle de danse latine en septembre. Vous devez être grand (1,80 minimum) et mince, avoir les cheveux noirs et porter une moustache. Auditions le 24 et 25 mai de 14h à 17h30.

☐ Pour notre film expérimental *Cocorico*, nous cherchons des personnes aux cheveux roux et aux yeux bleus.
Contact :
M. Delaforce 06 53 17 59 42

☐ Mannequins petite taille (homme / femme) pour présenter notre collection de vêtements de sport. Vous mesurez moins de 1,65m et vous portez les cheveux courts. Envoyez votre portfolio à : agencesport@orange.fr.

☐ Cherchons homme (55 ans et plus) pour jouer le Père-Noël du 1er au 22 décembre. Vous aimez les enfants, vous êtes corpulent et vous portez une barbe blanche, contactez Mme Paul à l'information.

***avoir** une moustache, l'air sympa, les cheveux courts, 52 ans*
***être** blond, grand, petit, corpulent, mince, élégant*
***porter** une barbe, des lunettes, des vêtements noirs*

2b Finden Sie in der Wortschlange alle Adjektive, die mit der Beschreibung von Personen zu tun haben. Stellen Sie dann auf Seite 19 oben die Gegenteile gegenüber.

suisselongpaingrandcinqmincecourspetitgauchecorpulent

bienvieuxmusiquecourtcaféjeunenature

________________	≠	________________
________________	≠	________________
________________	≠	________________
________________	≠	________________

2c Anouk hat eine neue Arbeit in der Firma gefunden, in der auch ihre Freundin Pierrette arbeitet. Diese beschreibt ihr die künftigen Kollegen, um ihr den Einstieg zu erleichtern. Ergänzen Sie die Mail mithilfe der folgenden Ausdrücke und der Fotos.

Il est grand et il a • assez corpulent • des lunettes rondes • Il a les cheveux • grande et elle porte • Il est sportif et • longs et il porte une barbe • les cheveux blonds

De : Pierrette Matthieu
À : Anouk Leduc
Objet : Ta première semaine chez Taillair

Bonjour Anouk,

Bienvenue chez Taillair ! Pour t'aider, j'ai préparé une description des personnes les plus importantes de notre entreprise.

Tu vas travailler avec Mme Lecompte, la technicienne. Elle est ____.
Elle a beaucoup de patience, mais elle est parfois un peu autoritaire.

Notre informaticien, c'est Louis Aubry. Il est ________________.
____.
Il parle beaucoup, mais il est très efficace. Si tu as des problèmes, il va t'aider.

Tu connais déjà M. Lemers, mon chef. Il est sympa et très compétent.

Si tu as besoin d'un café, demande à Tristan. 🙂 C'est notre stagiaire. ________________________________.
________________________ très motivé. Il est super !

Bonne première semaine de travail !

Pierrette

B3 Au bureau

3a Matthieu braucht einen neuen Computer für die Arbeit. Er schaut sich die Werbung in einer Informatikzeitschrift an. Beschriften Sie die Fotos.

une souris • une imprimante • un ordinateur portable • un clavier • une clé USB • un écran

CE WEEKEND SEULEMENT ! TROUVEZ VOTRE ORDINATEUR DE RÊVE ! TOUT DOIT DISPARAÎTRE !

1. ____________________

2. ____________________

3. ____________________

4. ____________________

5. ____________________

6. ____________________

3b Matthieu schreibt seinen Kollegen Robert aus der EDV Abteilung an. Ergänzen Sie die E-Mail mithilfe der Bezeichnungen aus 3a.

Bonjour Robert,

J'ai beaucoup de problèmes avec mon ordinateur. Il plante tout le temps. Je perds souvent mes textes. En plus, il est très lent. Sur le ______________ la touche *e* ne fonctionne pas. C'est énervant ! Mon ______________ est trop petit. Je voudrais un 17'' ou plus. Je n'aime pas du tout ma ______________. Elle n'est pas ergonomique. Et puis, mon ______________________ est vieille et elle n'imprime pas en couleurs.

Bref, j'ai vraiment besoin de nouveau matériel informatique. Merci d'avance.

Cordialement,

Matthieu

3c Richtig (*vrai*) oder falsch (*faux*)? Lesen Sie die E-Mail von Matthieu noch einmal und kreuzen Sie an.

	vrai	faux
1. L'ordinateur de Matthieu est très lent.	☐	☐
2. Il a un écran 17 pouces.	☐	☐
3. Matthieu veut une souris ergonomique.	☐	☐
4. Matthieu a besoin d'une nouvelle clé USB.	☐	☐
5. Il n'a pas d'imprimante au bureau.	☐	☐

3d In Pierrettes Firma hat alles seine Ordnung. Ergänzen Sie die Aushänge mit den folgenden Begriffen.

vos documents • votre tasse • les plantes • les fenêtres • votre imprimante

Quand vous prenez un café,
mettez 50 centimes dans la caisse.
Apportez ____________________.
C'est plus écologique !

Les feuilles format A4 se trouvent dans le 1er et le 2e tiroir.
Les feuilles A3 dans le 3e tiroir.
N'oubliez pas ____________________ dans l'appareil !
En cas de problème, contactez M. Michaux (Photokexpress) :
07 62 95 33 15

Avant de quitter votre poste de travail :
Fermez ____________________.
Arrêtez la climatisation.
Éteignez votre ordinateur et ____________________.

	04.–10.03	11.–18.03	19.–24.03	25.–31.03
Arroser ____________	Miriam	Étienne		
Nettoyer la cafetière	Pauline	Miriam		

C Le temps libre

C1 Je vais parfois au théâtre

1a Ordnen Sie die folgenden Wörter nach zunehmender Häufigkeit.

souvent • parfois / de temps en temps • ~~jamais~~ • tous les jours • rarement

jamais – ______________________________ →

1b Valentin hat in der Zeitschrift „Loisirs" einen Fragebogen zu seiner Freizeitgestaltung ausgefüllt. Geben Sie mithilfe des Fragebogens an, welche der unten stehenden Aussagen zu Valentin richtig (*vrai*), falsch (*faux*) oder nicht zu beantworten (*on ne sait pas*) sind.

Est-ce que vous sortez souvent ?

À quelle fréquence est-ce que vous allez...	jamais	rarement	parfois	souvent	tous les jours
au cinéma ?	☐	☐	☐	☒	☐
au restaurant ?	☐	☐	☒	☐	☐
à la bibliothèque ?	☒	☐	☐	☐	☐
à la piscine ?	☐	☐	☐	☐	☒
au théâtre ?	☐	☒	☐	☐	☐
au musée ?	☐	☒	☐	☐	☐

	vrai	faux	on ne sait pas
1. Valentin ne va jamais à la piscine.	☐	☐	☐
2. Il mange parfois au restaurant.	☐	☐	☐
3. Il lit souvent des romans policiers.	☐	☐	☐
4. Il va souvent au cinéma, mais rarement au théâtre.	☐	☐	☐
5. Il visite souvent des musées.	☐	☐	☐

1c Korrigieren Sie die falschen Aussagen aus Übung 1b.

____

____

1d Diese Personen berichten in der Zeitschrift „Loisirs“ über ihre Hobbys. Die Sätze sind leider durcheinandergeraten. Verbinden Sie, was zusammenpasst und finden Sie in der folgenden Liste auch eine passende Überschrift für die Hobbys.

Les voyages • La mode • La cuisine

CES TROIS PASSIONNÉS NOUS PARLENT DE LEUR HOBBY.

____

Je regarde	l'avion trois fois par an.
Je prends	des souvenirs.
Je visite souvent	des musées.
J'achète parfois	le Tour de France chaque année.

____

Je fais	des livres de cuisine.
Je mange	les courses deux fois par semaine.
J'achète souvent	*La meilleure recette*.
Une fois par semaine, je prends	un cours de pâtisserie.
Le mardi soir, je regarde	au restaurant une fois par semaine.

____

Je vais	les chaussures originales.
J'achète souvent	chez le coiffeur deux fois par mois.
Je reçois	de nouveaux vêtements.
J'adore	le magazine *Elle* une fois par semaine.

1e Schreiben Sie jetzt selbst einen kurzen Text zum Hobby „Heimwerken“.

des décorations. • De temps en temps j' • ~~Je suis tous les jours~~ • Le weekend, je • Je vais souvent au • achète des matériaux. • dans mon atelier. • Je fabrique parfois • magasin de bricolage. • répare des meubles.

Je suis tous les jours dans ______________________

____

____

1f Enzo und Pauline tauschen sich auf einer Dating-Plattform über ihre Freizeitaktivitäten aus. Bringen Sie die Satzteile in die richtige Reihenfolge und antworten Sie darauf wie im Beispiel.

🙂 🙂 = moi aussi (ich auch) 😐 🙂 = moi si (ich schon)
🙂 😐 = moi pas (ich nicht) 😐 😐 = moi non plus (ich auch nicht)

un film policier / Le dimanche, / regarde / je / à la télé.

Le dimanche, je regarde un film policier à la télé.

🙂 🙂 *Moi aussi.*

ne / des romans. / lis / Je / pas souvent

____

😐 🙂 __________

fais / Je / de temps en temps. / du vélo

____

🙂 🙂 __________

par an. / vais / Je / deux fois / au théâtre

____

🙂 😐 __________

parfois / je / Le weekend, /mange / au restaurant.

____

🙂 🙂 __________

pas souvent / fais / Je / de jardinage. / ne

____

😐 😐 __________

C2 Le lundi, je fais du sport

2a Das „Centre des Loisirs" aus Périgueux stellt sich auf Seite 25 oben vor. Ergänzen Sie das Plakat mit den folgenden Wörtern.

L'équipe • à la piscine • le weekend • du karaté

Le Centre des Loisirs de Périgueux

« Vous voulez apprendre à faire du crawl ? Avec Sophie, c'est facile ! Les cours de natation, c'est le lundi et le jeudi ________________ (1) de Périgueux. »

« Le mardi, c'est le jour des arts martiaux avec Didier et Jeanne. Venez faire ________________ (2) et du judo avec nous. »

« Vous voulez jouer au foot ? On a besoin de vous ! ________________ (3) de Johnny s'entraine deux fois par semaine : le mercredi et le samedi »

« Le vendredi, venez faire du yoga avec Jasmine. Une bonne façon de commencer ________________ (4) ! »

2b Ergänzen Sie den Stundenplan des „Centre des Loisirs" mit den Informationen aus Übung 2a.

lundi	mardi	mercredi	jeudi	vendredi	samedi
9h basketball	**11h** karaté	**17h** tennis	**10h** __________	**15h** badminton	**10h** __________
18h __________	**20h** __________	**20h** __________	**18h** zumba	**20h** __________	**13h** squash

faire du / de la / des / de l' + Sportart / Freizeitaktivität: *Tu fais de la natation ?*
jouer au / à la / à l' / aux + Sportart / Spiel: *Elles jouent au bridge.*

2c Der Trainer Loïc stellt sich auf der Homepage des „Centre des Loisirs" vor. Setzen Sie seinen Text fort, indem Sie all seine Sportarten nennen. Verwenden Sie dazu *jouer* oder *faire* mit den passenden Präpositionen.

le rugby • le handball • le squash • le fitness • la voile • l'équitation

Bonjour, je m'appelle Loïc et j'adore le sport. Je suis entraineur professionnel.

____

____

C3 Mardi soir, je donne un concert

3a Pierre ist seit einem Monat in Rente. Er schreibt seinem Sohn Henri eine E-Mail, um ihm von seinem neuen Leben zu berichten. Lesen Sie die E-Mail und ergänzen Sie, wo möglich, den Kalender mit Pierres regelmäßigen Aktivitäten.

Salut Fiston !

Tout va très bien de mon côté. Tu sais, je suis retraité depuis un mois. Je ne travaille plus, mais je suis très occupé.

Je fais de la natation le lundi matin. Le mardi après-midi, je joue du piano avec deux amis. Notre groupe s'appelle *The Triominoes*. Le mercredi soir, je joue au handball avec mes anciens collègues. Je fais le ménage le jeudi matin (l'ordre, c'est important !). Le vendredi après-midi, je suis au repair café. Je fais du bricolage et je répare des meubles ou des appareils. Le samedi, je fais les courses au marché et je fais la cuisine. Finalement, le dimanche matin, je joue de l'orgue à l'église.

Alors vive la retraite ! Tu veux diner avec moi la semaine prochaine ?
Je fais un coq au vin et une tarte au citron.

Je t'embrasse,

Papa

07 – 13 novembre	matin	après-midi	soir
lundi			
mardi			*concert d'orgue église Saint-Luc*
mercredi			
jeudi			
vendredi			*match de handball*
samedi			*diner avec Mathilde*
dimanche		*concert The Triominoes*	

3b Lesen Sie die E-Mail erneut und beantworten Sie die folgenden Fragen in vollständigen Sätzen.

1. Est-ce que Pierre est content d'être retraité ?

   ____

2. Pierre pratique quels sports ?

   ____

3. Il fait le ménage quel jour ?

   ____

4. Qu'est-ce qu'il fait au repair café ?

   ____

3c Henri meldet sich bei seinem Vater, um sich mit ihm zu verabreden. Ergänzen Sie den Chat mithilfe des Kalenders auf Seite 26.

Bonjour Papa ! Merci pour ton invitation. Alors, rendez-vous samedi soir ?

Salut Fiston! Non, samedi soir, ______________________________ .

Vendredi soir alors ?

Non, vendredi, ______________________________ . Tu veux venir ?

Je n'aime pas beaucoup le sport. Je préfère faire une autre activité avec toi. On brunche ensemble dimanche matin ?

Non, je ne peux pas : le dimanche matin, ______________________________ .
Mais j'ai une idée. Dimanche après-midi, je donne ______________________________ .
Nous jouons du rock 'n roll. Tu viens avec nous et après, on dine ensemble.

Parfait ! À dimanche!

le lundi	*montags*
lundi (prochain)	*am (kommenden) Montag*
À lundi !	*Bis Montag!*

3d Martine möchte sich mit ihrer Freundin Carrie verabreden und schlägt einige Termine vor. Antworten Sie Martine mithilfe der Angaben.

Salut Carrie,

Est-ce qu'on va faire de l'aquarelle dans les parcs cette semaine ?
Lundi ou mardi soir, ça te va ? Ou est-ce que tu préfères samedi matin ?

Bises,

Martine

Salut Martine,

Aller au parc pour faire de l'aquarelle ! Quelle bonne idée !

___

___

Leider kann ich am Montagabend nicht. Montags mache ich Yoga.

___

Am Dienstagabend gehe ich ins Kino mit Lucie.

___

Samstags gehe ich auf den Markt.

___

Am Sonntagnachmittag kann ich mit dir in den Park gehen.

Ça te va ?

Bisous,

Carrie

faire le / la / les / l' + Tätigkeit im Haushalt: *Nous faisons le ménage.*
faire du / de la / des / de l' + Sportart / Freizeitaktivität: *Tu fais de la natation ?*
jouer du / de la / des / de l' + Musikinstrument: *Vous jouez de la clarinette ?*
jouer au / à la / à l' / aux + Sportart / Spiel: *Elles jouent au bridge.*

D Vous habitez où ?

D1 Mon quartier

1a Ergänzen Sie in Magalis Blog die Beschreibung ihres Wohnviertels mit den folgenden Wörtern.

un hôpital • des cafés • un jardin public • une école

J'habite maintenant le nouveau quartier Clarisse. Près de chez moi, il y a beaucoup de commerces : la boulangerie est au coin de la rue et il y a une boutique de mode à deux pas. C'est super ! On trouve aussi ______________, mais il n'y a pas de restaurants. Dommage !

Pour les fans de nature, il y a ____________________ pour faire des promenades ou du sport. Pour les enfants et les adolescents, il y a ______________ et un collège, mais il n'y a pas d'université. Près de chez moi, il y a aussi une maison de la culture avec un grand gymnase. Malheureusement, il n'y a pas de cinéma.

Dans le quartier Clarisse, il y a aussi des services médicaux comme ________________, des médecins et même un dentiste. C'est pratique !

1b Lesen Sie Magalis Blog noch einmal und entscheiden Sie, ob es die folgenden Gebäude und Einrichtungen dort gibt oder nicht.

Il y a...	**oui**	**non**		**oui**	**non**
une boulangerie.	☐	☐	une université.	☐	☐
une boutique.	☐	☐	une maison de la culture.	☐	☐
des cafés.	☐	☐	un gymnase.	☐	☐
des restaurants.	☐	☐	un cinéma.	☐	☐
un jardin public.	☐	☐	un hôpital.	☐	☐
une école.	☐	☐	un dentiste.	☐	☐

1c Entscheiden Sie: Ist Magalis Viertel für die folgenden Personen interessant? Warum ja? Warum nein?

1. Pour des sportifs : *Oui, parce qu'il a un jardin public et* ______
2. Pour des étudiants : ______
3. Pour des touristes : ______

Dans la rue, **il y a une** boucherie, mais **il n'y a pas de** poissonnerie.

1d Jean-Pierre geht für einige Monate ins Ausland und vermietet seine Wohnung an die Austauschstudenten Emma und Maurice. Lesen Sie die Notiz, die er ihnen hinterlassen hat und ergänzen Sie dann die Angaben unter den Zeichnungen mit den fehlenden Wörtern.

Bienvenue chez moi !

Vous allez être très bien ici. Mon quartier est super. On peut faire beaucoup d'activités ! Si vous aimez les arts, le musée est tout près, devant le parc, à gauche du magasin de souvenirs. Si vous voulez explorer la ville, vous pouvez prendre le métro. La station est en face du parc, au coin de la rue. Pour retirer de l'argent, il y a une banque dans l'avenue Camille. Mon cinéma préféré est à côté : le Ciné Palace. Si vous voulez plus d'informations sur la ville, l'office de tourisme se trouve derrière le cinéma. Bon séjour et à bientôt !

Jean-Pierre

en face **du** restaurant et **des** tours
devant **le** restaurant et **les** tours

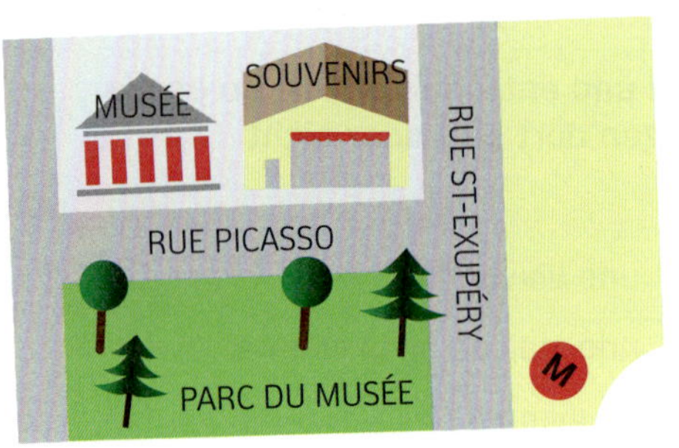

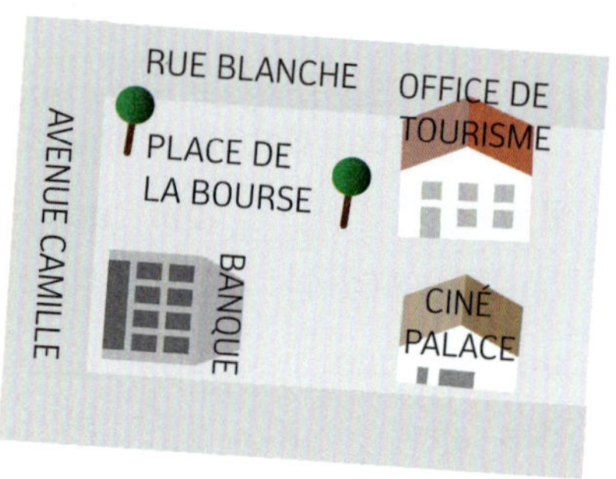

1. Le musée est ______ parc, ______ magasin de souvenirs.
2. La station de métro est ______ ______ parc, ______ rue.
3. Il y a une banque ______ l'avenue Camille.
4. L'office de tourisme se trouve ______ cinéma.

1e Emma und Maurice sind gut angekommen. Sie haben aber noch ein paar Fragen und schicken Jean-Pierre eine Messenger-Nachricht. Übernehmen Sie die Rolle von Jean-Pierre und antworten Sie mithilfe der Angaben.

Bonjour Jean-Pierre,
Votre appartement est parfait pour nous, mais nous avons quelques questions : Est-ce qu'il y a une épicerie ou un supermarché dans le quartier ?

Sie antworten, dass es ein Lebensmittelgeschäft in der „rue St-Exupéry" neben der Schule gibt. Samstags kann man zum Markt auf dem Platz links neben der U-Bahnstation gehen.

____

____.

Merci ! Et est-ce qu'il y a une bonne boulangerie près de chez vous ?

Sie antworten, dass die Bäckerei „La Brioche dodue" sehr gut ist und dass sie sich hinter der Schule befindet.

____

____.

Parfait ! Nous avons aussi besoin de livres pour nos cours à l'université. Est-ce qu'il y a une librairie dans le quartier ?

Sie antworten, dass es eine Buchhandlung gegenüber der Bank gibt.

____.

Une dernière question... Nous faisons beaucoup de sport (natation, fitness, tennis...). Est-ce qu'il y a une piscine ou un gymnase près de l'appartement ?

Sie antworten, dass es kein Schwimmbad im Viertel gibt, dass es aber ein Fitnesscenter an der Straßenecke gibt.

____

____.

D2 Chez nous

2a Die Familie Jocris bietet in den Ferien ihr Haus in La Rochelle zum Tausch gegen eine Unterkunft in Toulon an. Ergänzen Sie die Anzeige auf der Tauschplattform mit den folgenden Ausdrücken und entscheiden Sie, welche Fotos nicht zur Beschreibung passen.

la terrasse • de 5 personnes • en juin • une cuisine équipée • de bain

Échange maison à La Rochelle contre logement à Toulon

Située dans un quartier calme et près de la plage, notre maison est idéale pour un groupe ______________ . Au rez-de-chaussée, il y a ______________ , une salle à manger, un séjour avec un coin bibliothèque et des WC. Vous pouvez aussi utiliser les meubles de jardin et le barbecue sur ______________ . Les trois chambres, une salle ______________ et des WC séparés se trouvent au 1er étage. Libre ______________ et en juillet.

1  ☐

2  ☐

3  ☐

4  ☐

2b Familie Simard wohnt in Toulon und möchte ihren Urlaub in La Rochelle verbringen. Ergänzen Sie die Wohnungsbeschreibung der Familie Simard.

Notre appartement est situé près du port de Toulon à 3 km des plages.
Libre en juin. Le logement :

1. *Salon* : canapé convertible (lit 2 places), télévision, coin bureau (Wi-Fi)
2. ______________ : réfrigérateur / congélateur, cuisinière, four micro-ondes et cafetière
3. ______________ : lavabo, douche, WC
4. ______________ : lit double, lit bébé, armoire, chaise
5. ______________ : table et 6 chaises
6. ______________ : barbecue

2c **Auch Familie Dupont möchte ihre Wohnung in Toulon gegen eine Wohnung in La Rochelle tauschen. Ergänzen Sie ihre Anzeige mithilfe der Zeichnung.**

Échange appartement à Toulon contre logement à La Rochelle

Situé dans un quartier calme et près de la plage du Gayraud, notre appartement est idéal pour trois personnes. Le logement est fraichement rénové.

Dans l'appartement, il y a ______________________

____

____

Dans le jardin, ______________________

Libre au mois d'aout.

2d **Mit welcher Familie wird Familie Jocris die Unterkunft während des Urlaubs tauschen? Begründen Sie Ihre Antwort.**

Les Jocris échangent la maison avec ______________________

parce que ______________________

D3 C'est tout près

3a Sie haben auf der Wohnungstauschplattform eine Unterkunft gefunden. Ihr Gastgeber schreibt Ihnen, wie Sie vom Bahnhof aus dorthin kommen. Folgen Sie der Wegbeschreibung und finden Sie heraus, wo sich die Wohnung befindet.

Départ de la gare : traversez le parking derrière la gare et prenez l'avenue Camille Claudel. Allez tout droit jusqu'à la banque. Là, tournez à gauche dans la rue Saint-Victor. Continuez tout droit jusqu'au parc et tournez à droite. C'est l'avenue Mozart. Passez devant les tours et prenez la première rue à gauche. C'est la rue Saint-Exupéry. Continuez tout droit jusqu'à la rue de l'Académie. J'habite au-dessus de la pizzeria, au deuxième étage.

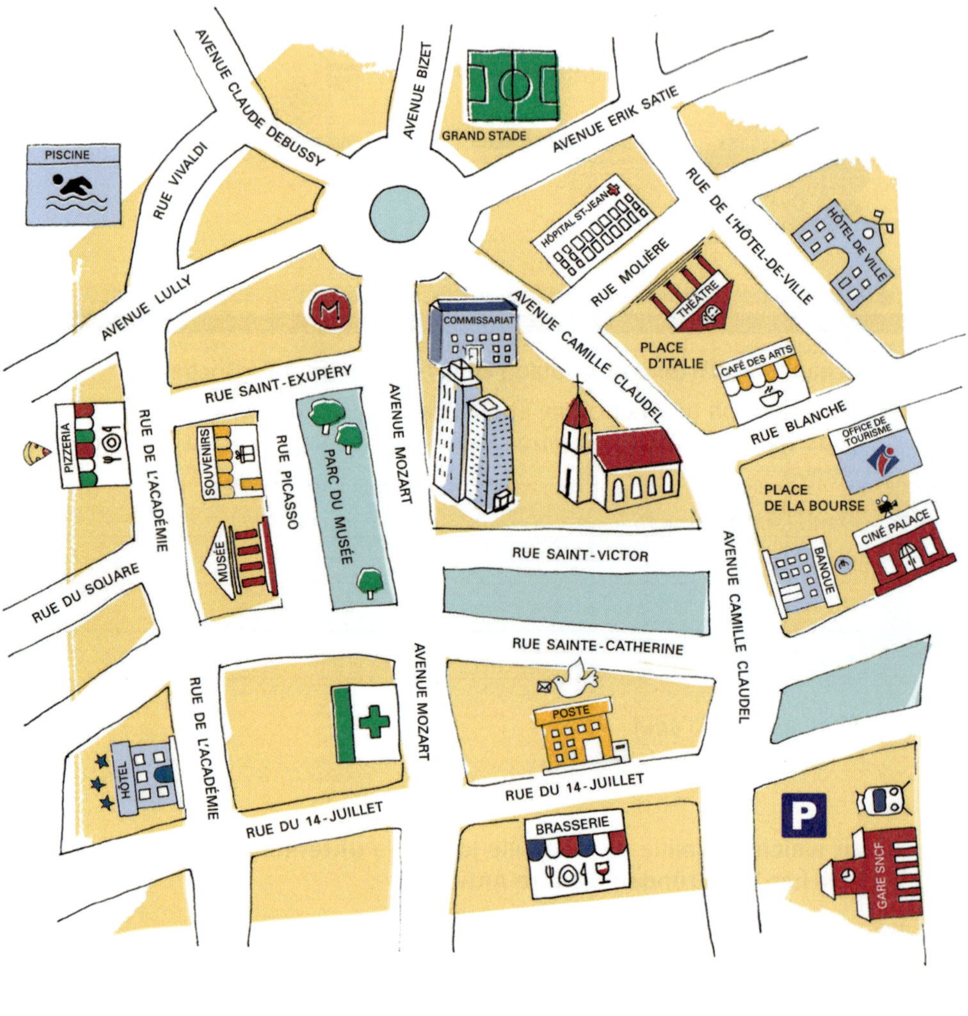

3b Finden Sie die französischen Entsprechungen der folgenden Ausdrücke in der Wegbeschreibung aus Übung 3a.

1. Biegen Sie links ab: ______________________
2. Überqueren Sie den Parkplatz: ______________________
3. Gehen Sie geradeaus bis zur Bank: ______________________
4. Nehmen Sie die erste Straße links: ______________________
5. Gehen Sie weiter geradeaus: ______________________
6. Gehen Sie an den Hochhäusern vorbei: ______________________

tout droit = geradeaus   *à droite* = rechts

3c Eine Bekannte möchte sich mit Ihnen in der Brasserie in der „rue du 14-juillet" treffen und beschreibt Ihnen den Weg von der Pizzeria aus. Ergänzen Sie die Wegbeschreibung mit den Verben *aller*, *tourner*, *prendre* et *passer* in der richtigen Form.

Salut ! On prend l'apéro ce soir à 17h à la brasserie dans la rue du 14-juillet ? Tu connais ? C'est facile. Tu __________ la rue Saint-Exupéry et tu _______ tout droit jusqu'à l'avenue Mozart. Là, tu __________ à droite et tu __________ la première rue à gauche, la rue Saint-Victor. Tu __________ devant l'église et à la banque, tu __________ à droite. Ensuite, tu __________ la deuxième rue à droite. La brasserie est à 50 mètres sur la gauche. À plus ! Maxime

3d Der von Maxime beschriebene Weg ist umständlich. Beschreiben Sie mithilfe der Karte auf Seite 34 einen einfacheren Weg von der Pizzeria zur Brasserie.

Pour aller à la brasserie, ______________________________

____

____

____

____

____

E Tout le monde est invité !

E1 Ma famille

1a Finden Sie in der Wortschlange alle Verwandtschaftsbezeichnungen?

sœurmaisongrand-pèreparcfrèregareparentsallerpetite-filletravail
marivillemèretempstantealorsfilspantalonpèreradio
filleamifemmebeauonclechienpetit-filscafégrand-mère

____

____

1b Lesen Sie die alten Familienanzeigen der Familie Morel und ordnen Sie sie chronologisch von der ältesten zur neuesten.

Marie-Pierre et Jocelyn Morel ont la grande joie de vous présenter

VÉRONIQUE ET ALEXANDRA

2,5 kg • 47 cm & 3,08 kg • 48,5 cm

Elles sont arrivées le 24 avril 2000 à 4h36 et 4h48 !

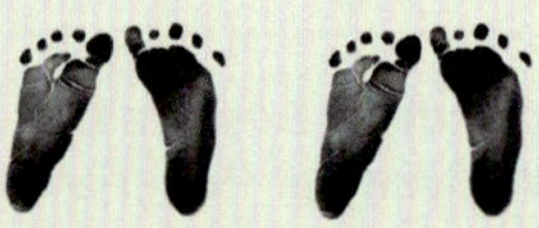

☐

M. et Mme Martin
M. et Mme Morel
ont le plaisir d'annoncer le mariage de leurs enfants

Anne et Janvier

le 28 avril 1968 à 15h
à la mairie de Limoges.
Vin d'honneur servi dans les jardins de la mairie.

1

HOURRA ! J'AI UNE PETITE SŒUR !

Elle s'appelle Caroline.
Elle est née
le 11 juillet 1972 à 01h09.
Elle pèse 3,2 kg,
mesure 49 cm et
adore les bisous.

Jocelyn
maman Anne et papa Janvier

☐

CAROLINE ET DOMINIQUE

Nous nous pacsons et nous vous invitons à fêter avec nous le samedi 15 septembre 2014 à la mairie de Limoges à 11 h 30

Déjeuner à l'auberge Le Cheberny

☐

1c Wer ist wer in der Familie Morel? Ergänzen Sie die folgenden Sätze mit den passenden Verwandtschaftsbezeichnungen aus Übung 1a.

1. Marie-Pierre et Jocelyn sont les ___________ de Véronique et Alexandra.
2. Véronique est la _________ d'Alexandra.
3. Janvier est le ________ d'Anne.
4. Alexandra et Véronique sont les _______________ d'Anne.
5. Janvier est le ______________ de Véronique et d'Alexandra.
6. Jocelyn est le ________ de Caroline.

mon grand-père ma gran**d**-mère mes grand**s**-parents

1d Maude berichtet von einem anstehenden Familienfest. Beschriften Sie den Stammbaum mit den Namen und Verwandtschaftsbezeichnungen aus Maudes Perspektive.

Salut Marie-Ève,
Samedi prochain, nous fêtons le 50e anniversaire de mariage de mes grands-parents, Aloïs et Rose ! Toute la famille va être là : quatre générations ! Il y a mes grands-parents bien sûr et mon père Jean avec sa nouvelle compagne, Élise. Mes parents sont divorcés alors ma mère, Nathalie, ne vient pas à la fête. Et Clément va être là! Nous ne voyons pas souvent mon frère parce qu'il habite loin (à Brest). Notre fille Mégane va être très contente. Elle adore son oncle. Ensemble, nous avons trouvé un cadeau super : une étagère à souvenirs. André a fait le meuble (mon mari est un grand bricoleur !) et Mégane et moi avons choisi les photos et les décorations.
Bises, Maude

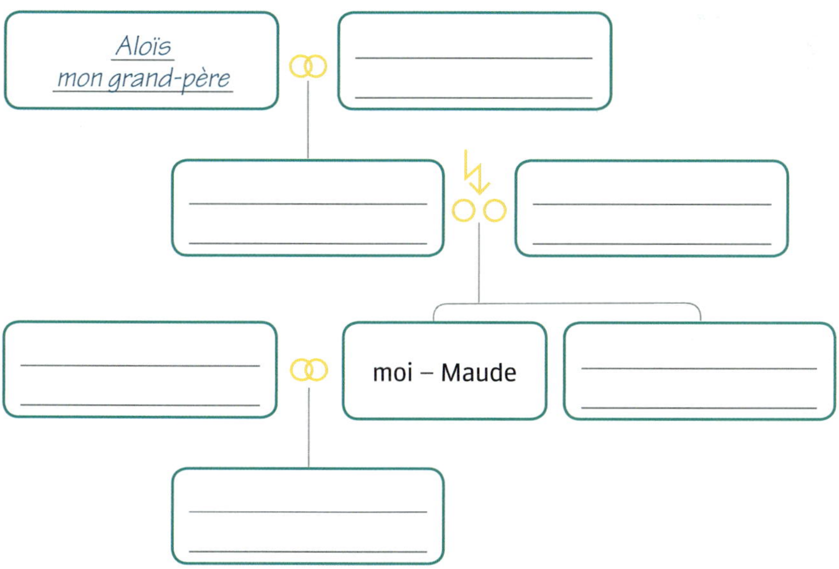

1e Übernehmen Sie jetzt die Rolle von Julien und beschreiben Sie die Verwandtschaftsverhältnisse in seiner Familie.

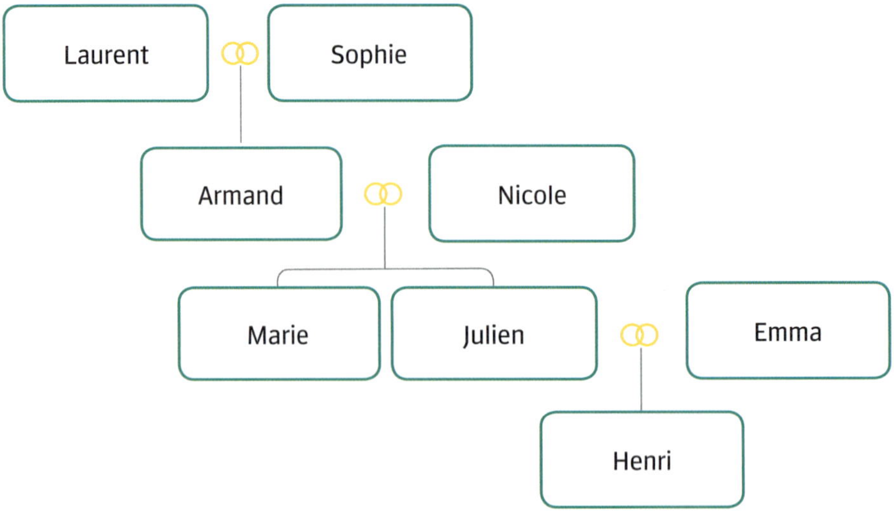

Mon grand-père s'appelle Laurent. Sophie est ma __________

____

____

E2 On vous invite

2a Die Zwillinge Alexandra und Véronique haben beide eine Einladung zu ihrem 25. Geburtstag entworfen. Kreuzen Sie an, welche Einladung formeller ist: A oder B?

Coucou les copains !

25 ans, ça se fête !

Quand ?

le vendredi 24 avril

À quelle heure ?

à partir de 18h

Où ?

chez nous

N'oubliez pas de confirmer.

À très bientôt !

Alex et Véro

A ☐

Chers amis !

À l'occasion de notre 25e anniversaire, nous vous invitons à une fête le vendredi 24 avril à partir de 18 heures au 34, rue Charpentier 87000 Limoges.

Alexandra et Véronique

Répondez s'il vous plait avant le 10 avril :
véroetalex@web.fr ou 06 26 36 88 34

B ☐

2b Lesen Sie die Einladungen erneut und beantworten Sie die Fragen.

1. Alexandra et Véronique fêtent quel jour de la semaine ?

   ____

2. La fête commence à quelle heure ?

   ____

3. Les jumelles habitent dans quelle ville ?

   ____

4. Est-ce que les invités doivent répondre à l'invitation ?

   ____

5. Quelle est l'adresse mail des sœurs ?

   ____

2c Philippe und Safia haben den Zwillingen geantwortet. Ergänzen Sie ihre Nachrichten mit den angegebenen Wörtern und Ausdrücken.

Malheureusement • Bien sûr que je viens • une salade • Merci • en vacances

Salut les jumelles,
_______ pour votre invitation. ______________________ à votre fête !
Si vous voulez, j'apporte quelque chose (____________? un dessert ?)
À bientôt ! Philippe

Salut Alex,

Merci pour ton invitation. ____________, je ne peux pas venir.
Je suis déjà ____________ (au Portugal). 😉 Je reviens le 30 avril.
Alors, on fête après. Je t'invite au restaurant.
Bisous,

Safia

2d Simon hat Carolanne und Daniel zu seiner Faschingsparty eingeladen. Schreiben Sie die Antwort seiner beiden Freunde.

Salut les amis ! C'est bientôt le Carnaval ! On fête ensemble ?

Quand ? le 17 février à 20h
Où ? chez moi (54, rue des Oisons)

Costume obligatoire. N'oubliez pas de confirmer.
Simon

____________________,	*Anrede*
____.	*Sie bedanken sich für die Einladung.*
____ ____ parce que nous fêtons le 30e anniversaire de mariage de mes parents.	*Sie schreiben, dass Sie leider nicht zum Fest kommen können, weil Ihre Eltern ihren 30. Hochzeitstag feiern.*
____________________ Caro	*Abschlussformel*

____________________,	*Anrede*
____.	*Sie bedanken sich für die Einladung.*
____ ____	*Sie schreiben, dass Sie gerne zur Feier kommen.*
____	*Sie fragen, ob Sie einen Nachtisch mitbringen sollen.*
____________________ Daniel	*Abschlussformel*

E3 Qu'est-ce que je mets ?

3a Finden Sie im Buchstabengitter so viele Kleidungsstücke wie möglich (waagerecht oder senkrecht) und schreiben Sie sie daneben mit dem unbestimmten Artikel auf.

C	H	E	M	I	S	E	A	L	E	T	T	P
X	P	F	O	U	L	A	R	D	G	W	J	A
B	J	U	P	E	O	G	O	I	O	R	N	N
J	E	A	N	S	W	V	B	E	P	Y	B	T
L	T	I	C	H	A	P	E	A	U	T	O	A
C	O	S	T	U	M	E	I	N	L	I	N	L
O	V	O	A	E	F	N	B	A	L	N	N	O
C	H	A	U	S	S	U	R	E	N	U	E	N
I	M	P	E	R	M	E	A	B	L	E	T	I

3b Sie sind auf Simons Faschingsparty eingeladen, wissen aber nicht, wie Sie sich verkleiden sollen und suchen in einer Zeitschrift nach Ideen. Welche Beschreibung passt zu welchem Kostümdetail?

C'est bientôt le Carnaval et vous ne savez pas quel costume choisir ?
Regardez dans votre armoire. Voici des idées pour fabriquer un costume sans dépenser d'argent.

☐ 1. Un pirate

☐ 2. Le petit chaperon rouge

☐ 3. Un détective

[B] 4. Un extraterrestre

A un imperméable beige, un chapeau, un costume, une chemise blanche, une cravate et une loupe

B un bonnet vert avec des antennes, un pantalon vert, des chaussures vertes et un t-shirt ou un pull vert

C une robe et un bonnet rouges, un tablier blanc, un manteau rouge, des chaussures noires et un petit panier

D un pantalon noir, une chemise blanche, un gilet marron et des bottes en cuir, un foulard rouge sur la tête et un bandeau sur l'œil

3c Verbinden Sie die Farbkleckse mit den Farbbezeichnungen.

noir/e • rouge • orange • jaune • gris/e • vert/e • bleu/e • blanc/blanche • rose • marron

3d Sie gehen als Cowboy auf Simons Faschingsparty. Orientieren Sie sich am Foto und beschreiben Sie Ihren Freunden im Gruppenchat, welche Kleidungsstücke Sie dafür benötigen.

Avez-vous déjà votre costume? Moi oui. Je porte ____________

____

____

______________ *Vous avez deviné? Je viens en cowboy.*

Nicht alle Farben passen sich in Geschlecht und Zahl dem Nomen an: *orange* und *marron* sind unveränderlich: *des chemises orange, des bottes marron.*

3e Auf dem Forum *quoi.mettre.com* kann man Stilfragen stellen. Beantworten Sie die Frage von Carstens62 mithilfe der folgenden Wörter.

chaussures • une chemise • élégants • une cravate

Carsten62 : Salut ! La semaine prochaine, notre entreprise nous invite à une fête de Noël au restaurant *Le Prince d'Estragon*. Qu'est-ce que je dois porter comme vêtements ?

modstyl : Salut Carsten62 ! Wow ! *Le Prince d'Estragon* est un restaurant très chic (et très cher !). Ton entreprise aime ses employés ! Alors tu dois mettre des vêtements très __________ : un costume avec ______________ blanche ou bleu clair. N'oublie pas de mettre ______________ et attention à tes ______________ : elles doivent être bien propres. Bon diner !

3f Heute Abend wird Frédéric seine zukünftigen Schwiegereltern kennenlernen. Er ist sehr aufgeregt und weiß nicht, was er anziehen soll. Er bittet seine Schwester um Rat. Übernehmen Sie die Rolle von Frédéric und vervollständigen Sie seine Nachrichten.

Salut petite sœur ! C'est le grand jour. Je rencontre mes beaux-parents et je ne sais pas quels vêtements mettre. Au secours !

Salut frérot ! C'est tout simple. Mets tes vêtements préférés. Tu dois être confortable.

Sie antworten, dass Sie also ihre Lieblingsjeans, ein T-Shirt und Ihre alten Schuhe anziehen werden.

____

____.

Mais non ! 😳 Tu dois mettre des vêtements propres et un peu chic.

Sie antworten, dass Sie eine schwarze Jeans, ein weißes Hemd und braune Schuhe anziehen können.

Je peux mettre ____.
C'est mieux ?

C'est parfait ! Tu es le beau-fils idéal !

F J'achète, je vends

F1 Il me faut des œufs, du beurre et du fromage

1a Lesen Sie die Einkaufslisten dieser drei Haushalte und finden Sie heraus, wer sie geschrieben hat.

Héloïse et Anna

la famille Fréchu

Lambert

spaghettis	*un steak*	*saumon*
sauce tomate	*sel*	*2 éclairs au chocolat*
pommes de terre	*6 bières*	*eau minérale*
6 yaourts	*œufs*	*une salade*
céréales	*jambon*	*confiture de fraises*
jus d'orange	*déodorant*	*bananes*
crayons de couleur	*aspirines*	*pommes*

1. ____________ 2. ____________ 3. ____________

1b Wer von den Personen aus Übung 1a hat folgende Produkte gekauft?

Qui a acheté...

1. du jus de fruits ? ____________
2. de la viande ? ____________
3. de l'alcool ? ____________
4. du poisson ? ____________

> Bei unbestimmten Mengen steht der Teilungsartikel:
> ***du*** *(= de + le) fromage,* ***de la*** *farine,* ***de l'****huile et* ***des*** *(= de + les) abricots*

1c Der Schüler Aurélien ist allein zu Hause und möchte sich etwas kochen. Er weiß aber nicht mehr genau, welche Zutaten er braucht und bittet seine Mutter im Chat auf Seite 45 um Hilfe. Füllen Sie die Lücken mit *du, de la, de l'* oder *des*.

Maman, je veux faire une omelette. Qu'est-ce qu'il me faut ?

1.  2.  3.  4. 

Il faut (1.) ____________, (2.) __________, du sel et du poivre.
Tu peux aussi mettre (3.) ______________ ou (4.) _____________.

Et pour faire une salade ?

5.  6.  7.  8. 

Bien… Il faut une salade 😉, (5.) _____________, (6.) __________ et du vinaigre. Tu peux aussi mettre (7.) _____________ ou (8.) _________________.

Merci Maman. ❤

1d Martha Lehmann bestellt bei einem französischen Feinkosthändler. Welches Produkt gehört zu welcher Verpackung? Verbinden Sie.

Nach Mengenangaben steht ***de / d'***: *un paquet* ***de*** *café / deux verres* ***d'****eau*. Gleiches gilt für die Nullmenge: *On n'a* ***plus de*** *thé*.

Madame, Monsieur,

Nous avons bien reçu votre catalogue et nous désirons passer la commande suivante :

10 bouteilles	de bonbons à l'anis
6 pots	de sirop de cassis
5 paquets	de lavande
15 boites	de moutarde de Dijon
5 bouquets	d'escargots

Merci d'avance.

Bien cordialement,

Martha Lehmann

1e Sie haben Ihre Ferien in der Gironde verbracht und dort einige regionale Spezialitäten beim Winzer Gaillard gekauft. Zurück in Deutschland möchten Sie weitere Produkte bestellen und schreiben ihn an. Orientieren Sie sich dabei an der E-Mail aus Übung 1d und der folgenden Liste.

5 Flaschen Rotwein „Château d'Aiguilhe" 5 Dosen Fleischpastete

5 Gläser Honig aus der Gironde 10 Packungen Macarons aus Saint-Émilion

Bonjour Monsieur Gaillard,

Nous désirons passer ______________________

______________________ *Château d'Aiguilhe,* ______________________ *de Gironde,*

______________ *pâté de campagne,* ______________________ *macarons de Saint-Émilion.*

____

____

F2 Mes boutiques préférées

2a Béatrice möchte einen Tag in Carpentras verbringen und ihre Freundin Mélanie schreibt ihr Tipps dafür. Ergänzen Sie die E-Mail mit den Namen der Geschäfte.

à la confiserie • à la papeterie • à la bijouterie • à la poterie

Salut la belle,

Carpentras est une petite ville charmante. J'ai habité là deux ans et j'ai adoré. Commence la journée par une visite de la cathédrale Saint-Siffrein. Près de là, il y a beaucoup de jolies boutiques.

Je sais que tu aimes les colliers, alors va ______________ *Passion beauté*. La propriétaire est très sympa et leur vitrine est magnifique. Si tu veux rapporter un souvenir à tes parents, va ______________ *Séramik*. Ils vendent de superbes vases et de belles assiettes décoratives. Tu peux aussi aller ______________ *Dumas*. J'adore cette boutique avec du papier à lettre très original.

Avant de rentrer, tu dois absolument aller ______________ *Les Angelots* et gouter aux macarons ou aux calissons. Délicieux !

Bonne journée à Carpentras !

À bientôt ! Mélanie

2b **Nadine ist im Forum *unjourablois.fr* aktiv und gibt dort, mithilfe ihrer Sammlung an Visitenkarten und Notizen, Tipps zum Einkaufen. Übernehmen Sie Nadines Rolle und beantworten Sie die Beiträge im Forum.**

BILL ET BULLES
LIBRAIRIE
LIVRES D'OCCASION

libraire très sympa

2, rue Saint Lubin
41000 Blois
www.billbulles.fr

à + *Ort: Je vais **à** la boulangerie.*
chez + *Person: Je vais **chez** la boulangère.*

Fabienne Roy
OPTICIENNE

35, rue Limousin
41000 Blois

personnel très compétent

www.fabienne-opticienne.fr

AU ROSÉ
vinothèque

20, rue Piché
41000 Blois

vins de la région

Les Délices de Blois
confiserie & chocolaterie

très bon chocolat / vitrine magnifique

11, bd du Cavalier | 41000 Blois

de : Manu27	J'ai cassé mes lunettes de soleil. Vous pouvez me recommander un opticien ?
de : Nadine_Blois	*Vous pouvez aller chez* ______ *Le personnel est* ______
de : Jacque_line	Je cherche des BD pas chères. Est-ce qu'il y a une librairie d'occasion dans le centre-ville ?
de : Nadine_Blois	*Allez à la* ______ ______
de : Timéo_BEL	Je cherche des chocolats pour ma belle-mère et un vin rouge pour mon beau-père. Est-ce que vous pouvez m'aider ?
de : Nadine_Blois	*Pour les chocolats, allez à la* ______ ______ ______ *Pour le vin,* ______ ______

2c **Roméo hat sich ein Bein gebrochen und bittet seinen Sohn Marcel, ihm ein paar Dinge zu besorgen. Übernehmen Sie die Rolle von Marcel und antworten Sie Roméo.**

Salut Marcel, j'ai besoin de sucre pour mon café.

Sie antworten, dass Sie heute Nachmittag zum Supermarkt gehen.

Pas de problème. Je vais au ______________________________

Et tu peux acheter une pâtisserie ? Tu sais que j'aime les desserts.

Einverstanden. Ich gehe in die Konditorei und kaufe ein „éclair".

____

Et il me faut aussi des aspirines.

Dann gehe ich auch zur Apotheke. Bis bald!

____

Et tu peux aussi acheter un magazine intéressant ? Les journées sont longues.

Ich gehe zum Tabakladen und kaufe deine Lieblingszeitschrift.

____

Merci mon Marcel ! C'est gentil !

F3 Une journée au marché aux puces

3a **Lesen Sie den Bericht zum Flohmarkt von Auch und verteilen Sie für die folgenden Kategorien Sterne anhand der Bewertung auf Seite 49 oben.**

Le marché aux puces d'Auch

Les vendeurs ☆☆☆

La variété des objets à vendre ☆☆☆

La restauration ☆☆☆

★★★ = excellent ★☆☆ = horrible

J'ai visité le marché aux puces d'Auch samedi matin pour acheter des assiettes et des bijoux (je collectionne les colliers). J'ai adoré flâner dans les allées et les boutiques de ce marché aux puces. J'ai vu de très beaux meubles et j'ai appris beaucoup de choses sur les antiquités. Les vendeurs sont très professionnels. Malheureusement, il n'y a pas beaucoup de vaisselle et je n'ai pas trouvé d'assiettes. 😳

Quand j'ai été fatiguée, j'ai voulu faire une pause au restaurant, mais quand j'ai lu les prix, 🙄 j'ai changé d'idée. J'ai donc pris un thé à un stand. J'ai attendu 15 minutes. J'ai bu un mauvais thé et j'ai mangé une brioche pas très fraiche.

Après ma pause, j'ai eu de la chance. J'ai pu trouver un vendeur de bijoux. Là, j'ai choisi un joli collier en argent à 45 €. J'ai aussi trouvé un vase en porcelaine à 15 €. Finalement, j'ai passé une bonne journée.

3b Unterstreichen Sie im Bericht oben die Partizipien der folgenden Verben.

boire • être • prendre • vouloir • choisir • lire • pouvoir • attendre • avoir • apprendre • voir

Verben auf *-er* bilden das Partizip auf *-é*: *aimer → aimé*.

3c Bertrand und Jocelyne haben ihre Ware auf dem Flohmarkt verkauft und beschreiben ihre Erfahrung auch auf der Bewertungsplattform. Setzen Sie die Verben ins *passé composé*.

Dimanche, nous ______________ (passer) la journée au marché aux puces d'Auch. Le marché est très bien. Il se trouve sur le parking du centre commercial. C'est propre et il y a de la place. L'inscription coute 5 €.

Le matin, nous ______________ (dire) bonjour aux autres vendeurs et nous __________ (mettre) nos choses sur notre table et sur une étagère : des livres, des jeux pour enfants, des vêtements pour bébé, une lampe et deux corbeilles à papier.

Nous n'______ pas __________ (vendre) beaucoup de choses. Vers 10h, une cliente ____________ (demander) le prix des corbeilles à papier, mais elle n'__ rien _______ (prendre). Plus tard, des enfants _________ (acheter) le scrabble (1,50 €).

Vers midi, nous ______________ (faire) une pause. Nous ______________ (être) au snack-bar. Jocelyne _________ (boire) un café et j' ______________ (manger) un mauvais croque-monsieur. Beurk ! 😫

L'après-midi, nous ______________ (avoir) plus de chance. Une cliente _________ (voir) les vêtements et elle ________ tout _________ (prendre). 😀

Finalement, nous sommes satisfaits de notre expérience.

3d Sandrine und Martin haben einen schönen Tag in Avignon verbracht. Auf dem Flohmarkt und in den umgebenden Läden haben sie allerlei gekauft. Sandrine berichtet ihrer Freundin Dahlia davon. Schreiben Sie anhand der Rechnungen und mithilfe der Verben in der unten angegebenen Reihenfolge eine kurze E-Mail zu ihrem Ausflug.

~~faire~~ • prendre • boire • manger • acheter • aller • acheter

CAFÉ DU MARCHÉ

2 cafés	4,30 €
2 croissants	3,00 €
Total :	7,30 €

Merci de votre visite et à bientôt !

LA FARANDOLE
23, ave Legault
84 000 Avignon

un pull rouge (laine)	5 €
sandales (cuir)	25 €
Total :	30,00 €

12 septembre 2020

3 livres de poche	6€
2 bandes dessinées	8€

PAYÉ

Janine Loranger

Chère Dahlia,

Hier, nous avons fait un tour à Avignon. Le matin,

____

____

____

____

____

____

____

Est-ce que tu viens avec nous la prochaine fois?

Bises,

Sandrine et Martin

G Au restaurant

G1 Une cuisine exceptionnelle

1a Die Firma „Lecarré et fils“ erwartet zehn Gäste aus dem Ausland. Mme Mésange muss ein Restaurant für das Abschlussessen aussuchen. Lesen Sie die Beschreibungen der drei Restaurants. Welches entspricht den unten stehenden Anforderungen am besten?

1. Das Essen soll an einem Montagabend stattfinden.
2. Drei der Gäste sind Vegetarier.
3. Mme Mésange legt Wert auf eine freundliche Bedienung.
4. Die Gäste sollen die Möglichkeit haben, die französische Küche zu entdecken.

LE TOUR DE FRANCE

Les grands classiques de la cuisine française

Bon choix de salades et de plats végétariens

Service chaleureux et personnalisé

Belle salle climatisée idéale pour les groupes (max. 30 personnes)

Ouvert 7 jours sur 7

Heures de service

12h00 à 14h30

19h30 à 23h00

Tél. :
04 76 62 49 88

LE TANDEM

Cuisine internationale

Menu express le midi

Équipe sympathique et service rapide

Ambiance conviviale – Accueil de groupes

Ouvert 7j / 7 de 12h00 à 22h30

Tél. : 04 77 40 18 72

La Bicyclette verte

Cuisine végétarienne

Produits typiques de la région

Décor original – Jolie terrasse située dans un jardin magnifique

Ouvert du mercredi au dimanche de 16h à 22h

N'oubliez pas de réserver votre table !

Tél. : 04 85 20 44 27

Mme Mésange choisit le restaurant ______________________

parce que ce restaurant est ouvert ______________________,

parce qu'ils servent ______________________,

parce que le service est ______________________,

parce que la cuisine est ______________________

et parce qu'il y a de la place pour ______________________ personnes.

1b Suzette berichtet in ihrem Blog über die Restaurants, die sie besucht. Letzte Woche hat sie eine schlechte Erfahrung gemacht. Ergänzen Sie ihren Text mit den folgenden Gegenteilen der im Text angegebenen Adjektive.

chaotique • banal • désagréable • petit • mauvaise • simple • lent • traditionnelle • climatisée • bruyante

●●●

Hier, mon mari et moi, nous sommes allés au restaurant *La Courgette carnivore* et nous avons passé une très ____________ ~~bonne~~ soirée. Dans ce restaurant, la cuisine est très __________ ~~complexe~~ et ______________ ~~moderne~~. L'équipe est très ______________ ~~agréable~~. Nous avons trouvé le service _______ ~~rapide~~ et ____________ ~~ordonné~~. Nous n'avons pas aimé l'ambiance : le décor est ________ ~~original~~. En plus, la salle est ____________ ~~calme~~ et n'est pas ____________ ~~chauffée~~. Il y a un jardin, mais il se trouve à côté d'un boulevard. Le parking est trop _______ ~~grand~~. Plus jamais !

> Nur wenige Adjektive stehen **vor** dem Substantiv. Die wichtigsten sind:
> *bon ≠ mauvais* *grand ≠ petit* *jeune ≠ vieux* *joli – beau*
> *autre – gros – nouveau* Ordnungszahlen (*premier, deuxième,...*)

1c Diese Woche ist Suzette begeistert von ihrem Restaurantbesuch. Ergänzen Sie ihren Beitrag mithilfe der Visitenkarte.

LA CAROTTE BLEUE

Cuisine moderne - Service chaleureux
Produits typiques de la région

Décor original – Jolie terrasse située dans un jardin magnifique
Ouvert du vendredi au mardi de 16h à 22h

●●●

Mardi soir, j'ai passé une excellente soirée avec mes amies Claire et Lucie. Nous avons mangé au restaurant La Carotte bleue. La cuisine est moderne.

____

____

____

____

G2 Une table près de la fenêtre

2a Mme Lecomte schreibt dem Restaurant „Soleil d'or", um einen Tisch zu reservieren. Das Restaurant hat auf seiner Homepage aber auch ein Reservierungsformular. Ergänzen Sie das Formular mithilfe der Informationen aus der E-Mail.

Madame, Monsieur,

Je voudrais réserver une table sur la terrasse pour un groupe de 12 personnes pour lundi, le 24 octobre à 19h.

Merci d'avance.

Salutations cordiales,

Frédérique Lecomte

Réserver une table

Vous pouvez réserver une table avec le formulaire ci-dessous.

Merci et à bientôt au restaurant.

Date : ____________________

Heure : ____________________

Nombre de personne(s) : ____________________

Nom : ____________________

Table ☐ sur la terrasse ☐ près de la fenêtre ☐ pas de préférence

2b Am Montag trifft sich Herr Dumont mit zwei wichtigen Kunden im Restaurant „Le Corsaire". Orientieren Sie sich an Übung 2a und reservieren Sie per E-Mail mithilfe der folgenden Informationen.

23 avril • 12h • 3 personnes • près de la fenêtre

Madame, Monsieur,

Je voudrais ____

____.

____________________.

____________________,

Renaud Dumont

G3 À la carte

3a Auf der Speisekarte sind die Gerichte durcheinandergekommen. Was passt nicht zu den jeweiligen Gängen? Streichen Sie durch und ergänzen Sie richtig.

LES PETITS GOURMETS

ENTRÉES

____
terrine de campagne
~~mousse au chocolat~~
assiette de crudités

PLATS

____
pavé de saumon
magret de canard
riz

GARNITURES

____
steak au poivre
frites maison
légumes de saison

DESSERTS

mousse au chocolat
glace ou sorbet
6 escargots
crème caramel

3b Die Computerfirma „La Souris sur le clavier" lädt ihre Angestellten zur Weihnachtsfeier ein. Die Mitarbeiter haben dazu eine Menüauswahl bekommen (siehe Seite 55 oben). Ein deutscher Kollege kennt einige der Gerichte nicht und Sie helfen ihm weiter. Ergänzen Sie die E-Mail mit den fehlenden Zutaten.

du beurre • des ognons • du sucre • des courgettes • des aubergines • des tomates • des pommes

Bonjour Tobias,

Alors, la quiche lorraine, c'est une tarte salée avec des œufs, de la crème fraiche et des petits morceaux de jambon ou de gras. Le cassoulet, c'est un ragout de haricots blancs avec de la volaille (poulet, canard ou oie), de la saucisse, etc.

Dans la ratatouille, il y a __________________, __________________, __________________, __________________, de l'ail et des herbes de Provence.

La crème brulée et la tarte tatin sont des desserts. La crème brulée est composée de jaunes d'œufs, de crème, de vanille et de caramel. On prépare la tarte tatin avec une pâte à tarte, __________________, __________________ et __________________.

Si tu as d'autres questions, n'hésite pas à me contacter.

Cordialement, __________________

Nos entrées	Nos plats	Nos desserts
assiette de crudités	cassoulet	crème brulée
***	***	***
escargots à l'ail	couscous et ratatouille	tarte tatin
***	***	***
terrine de cabillaud	quiche lorraine	salade de fruits exotiques
***	***	****
salade de chèvre chaud	steak au poivre	assiette de trois fromages

3c Für welche Gerichte aus dem Menü oben werden sich die folgenden Mitarbeiterinnen und Mitarbeiter entscheiden? Ergänzen Sie die E-Mails.

Bonjour Suzanne,

Je suis végane, alors je choisis l' *assiette de crudités* en entrée, le ______________ ______________ en plat et la ______________________________ en dessert.

Marisol

Bonjour Mme Branly,

Je suis allergique à l'ail, aux œufs et aux ananas. Alors je vais prendre la __________ ______________________ en entrée. La vinaigrette est bien sans ail ? Comme plat, je choisis le _____________________. Je peux avoir des frites comme garniture? Comme dessert, je prends la _________________. Ou est-ce qu'il y a des œufs dans la pâte à tarte ?

Roselin Lefrançois

Chère Suzanne,

J'adore le poisson et les ragouts alors je choisis ____________________________ et ________________________________. Je ne vais pas manger de dessert, mais pour terminer le repas, je vais prendre ________________________________. À bientôt !

Armand

3d David und Guillaume sind mit Freunden verabredet. David verspätet sich und meldet sich bei Guillaume. Vervollständigen Sie den Chat mithilfe der Angaben.

Je suis désolé, mais je vais arriver en retard. J'ai manqué mon bus.

D'accord. Nous entrons dans le restaurant. La réservation est à quel nom ?

Sie antworten, dass Sie auf den Namen Blanchard reserviert haben.

J'ai réservé au ______________________

Le serveur arrive. Est-ce que tu veux un apéritif ?

Sie antworten, dass Sie lieber einen Wein zum Hauptgericht trinken möchten.

Non, merci. ______________________

Et qu'est-ce que tu prends comme entrée ?

Sie wählen den Salat mit warmem Ziegenkäse. Der ist sehr gut.

Je choisis ______________________

Et comme plat ?

Sie nehmen das Lachsfilet mit Reis als Beilage.

______________________ *comme garniture.*

Est-ce que tu arrives bientôt ? Le serveur apporte les entrées.

Sie antworten, dass Sie in fünf Minuten da sind. Bis gleich!

____

H Sortir

H1 Qu'est-ce qu'on fait ce weekend ?

1a Lesen Sie die Freizeitangebote und ergänzen Sie diese mit den passenden Titeln aus der folgenden Liste.

L'opéra *Don Giovanni* • *Le Discoplex* • Le cirque *Léo et Cavallo* • L'insectarium

1

____

CLUB, BAR, DISCOTHÈQUE

Ouvert 7/7 22h30 – 6h00	2, avenue Foch 26000 Valence

Tél. : +33 (0) 4 54 99 54 66

2

____

est en ville du 22 février au 5 mars.

Venez voir nos trapézistes, nos magiciens, nos clowns et le célèbre Maitre Olala !

du mardi au samedi à 19h45
dimanche à 14h

3

____

Venez découvrir 60 espèces d'insectes ! Abeilles, libellules, papillons, ... Ils sont tous ici !
Un paradis pour les amis des petites bêtes à six pattes !

Ouvert du mercredi au dimanche de 10h à 12h30 et de 14h à 18h.	Visites guidées le samedi à 11h15.

Tarifs :
plein tarif : 10 € / tarif réduit : 7,50 €

4

____

La célèbre histoire d'un casanova manipulateur. Des musiciens fantastiques, des costumes magnifiques, des décors superbes, une soirée extraordinaire !

3h40 avec 1 entracte
Langue : italien
Tarifs : à partir de 35 € / 27 €

du 1er au 15 mai
du jeudi au samedi à 19h00
Représentation du dimanche à 14h15

1b Schreiben Sie die Uhrzeit in Zahlen wie im Beispiel und kreuzen Sie an, ob die Aussagen richtig oder falsch sind.

	vrai	faux
1. À l'insectarium, les visites guidées sont le samedi matin à onze heures et quart / *11h15*.	☐	☐
2. Le dimanche, l'opéra commence à deux heures moins dix / ______ de l'après-midi.	☐	☐
3. La discothèque ouvre à dix heures et demie / ______ du soir.	☐	☐
4. Le mardi soir, le cirque commence à sept heures et quart / ______.	☐	☐

1c **Lesen Sie die Freizeitangebote auf Seite 57 erneut und antworten Sie.**

Je travaille jusqu'à huit heures moins le quart le vendredi soir. Est-ce que je peux aller voir *Don Giovanni* ?

Non, parce que l'opéra commence à 19h00.

C'est vendredi soir. Il est dix heures moins vingt et nous voulons aller danser. Est-ce que nous pouvons aller au *Discoplex* ?

____

Samedi matin, ma fille a un cours de piano de dix heures moins le quart à onze heures. Est-ce que nous pouvons participer à la visite guidée de l'insectarium ?

____

Nous organisons une fête de famille dimanche, le 5 mars et nous voulons faire une activité de groupe après le déjeuner. Si nous mangeons d'une heure à deux heures et demie, est-ce que nous pouvons aller au cirque ?

____

1d **Dorothée möchte ins Kino gehen und erkundigt sich, was im kleinen Kino „Ciné Phil" läuft. Ergänzen Sie das Genre der Filme mithilfe der Beschreibungen.**

film d'action • film romantique • film d'horreur • comédie

Ciné Phil Programme du jeudi 9 au mercredi 15 février

La Neuvième Fenêtre __________	Il se passe des choses mystérieuses dans la maison d'un ancien psychiatre. vendredi et samedi 23h45
La Dame aux bégonias __________	Histoire d'amour entre un jeune bourgeois et une courtisane. jeudi 15h30
Bienvenue chez les P'tits __________	La famille Petit invite un nouveau voisin, M. Grandu, à prendre l'apéro. La soirée va tourner à la catastrophe ! samedi 16h30 / 19h15
Boum ! __________	Des terroristes ont mis une bombe dans une banque. 25 personnes sont en danger. Est-ce que les policiers Sylvestre et Bruce vont pouvoir aider ces gens ? jeudi, vendredi, dimanche 18h10 / 20h30 / 22h45

1e Dorothée verabredet sich mit Gaya im „Ciné Phil". Vervollständigen Sie die Nachrichten mit den folgenden Ausdrücken.

Elle passe quand ? • Il y a un film romantique ? • jeudi après-midi • À samedi ! • c'est parfait

Salut Gaya ! On va au cinéma cette semaine ?

Oui. Avec plaisir ! ______________________________

Oui, c'est *La Dame aux bégonias*, mais il passe ______________. On travaille, nous… Mais, il y a d'autres films : *La Neuvième Fenêtre*, *Boum* ! et *Bienvenue chez les P'tits*.

La comédie a eu de bonnes critiques dans le journal. ______________

Samedi à 16h30 ou à 19h15.

À 16h30, ______________. Alors, rendez-vous devant le cinéma.

C'est noté ! ______________

1f Gaya kann nun doch nicht ins Kino gehen, weil sie am Samstag bis 18h30 arbeiten muss. Schreiben Sie Gayas E-Mail an Dorothée, um den Termin zu verschieben.

Chère Dorothée,

Je suis désolée, mais ______________________________ … *Sie können am Samstag um 16.30 Uhr nicht ins Kino gehen.*

______________________________ *Sie müssen bis 18.30 Uhr arbeiten.*

Si tu veux, nous pouvons ______________________________ *Sie schlagen vor, den Film um 19.15 Uhr anzuschauen.*

______________________________ *Tu es d'accord ?*

______________ *Küsschen*

Gaya

1g Heute ist der 21. Juni, Tag der „fête de la musique“. Florent möchte mit seinen Freunden ausgehen. Er schickt eine Nachricht in seine Messenger-Gruppe. Ergänzen Sie die Nachrichten von Florent und seinen Freunden mithilfe der Angaben auf Deutsch.

C’est la fête de la musique aujourd’hui. Qui vient en ville avec moi ce soir ? Les groupes *Quasi-modo* et les *Blue Jeans* donnent des concerts.

Ich liebe Quasi-modo!

Juliette : Wow ! Bien sûr que je viens. ______________________ !

Ich kann nicht kommen.

Marion : ______________________ . Je suis malade. J’ai une grosse grippe. 😐

Um wie viel Uhr ist das?

Karim : Je ne sais pas trop. ______________________ ?

... wenn ihr wollt.

Le premier concert commence à 21h sur la place du Marché. On peut prendre une bière au *Café du marché* avant, ________________ .

Ich bleibe lieber zu Hause.

Éléonore : Je suis trop fatiguée. ______________________ .

Karim : D’accord pour la bière. Rendez-vous au café à 20h ?

Perfekt!

Juliette : __________ !

OK. Ça me va aussi. À ce soir !

H2 Quel temps magnifique !

2a Am Wochenende möchte Timothée mit seinen Freunden ins Freibad gehen. Ergänzen Sie die Wettervorhersage. Welchen Tag wird Timothée für seinen Schwimmbadbesuch auswählen?

Il y a du soleil • il fait gris • Il fait 18°C • il y a des nuages • il y a des orages • il y a de la pluie

> Wetterangaben:
> - *il y a* + Nomen: *il y a de la pluie*
> - *il fait* + Adjektiv: *il fait beau*
> - unpersönliches Verb: *il pleut*

date	matin	après-midi	informations
Vendredi 22 juin 18 – 22°C			Le matin, ________________. L'après-midi, il ne pleut pas, mais ________________ et du vent. Il fait entre 18 et 22°C.
Samedi 23 juin 20 – 27°C			Le matin, ________________. L'après-midi, il fait beau et chaud. ________ ________ et il fait entre 20 et 27°C.
Dimanche 24 juin 18°C			Le matin, il fait beau, mais il y a des nuages. ________________. L'après-midi, il fait très humide et ________________.

Timothée va aller à la piscine ________________.

2b Gaétan plant einen Urlaub in Montpellier mit seiner Frau und der Familie ihrer Tochter, Marjolaine. Helfen Sie ihm, je nach Wetter die geplanten Aktivitäten sinnvoll auf die Wochentage zu verteilen.

Marjolaine, ma chérie,

J'ai déjà préparé notre programme pour les premiers jours.

Lundi après-midi, il fait beau,	alors on va au musée d'histoire.
Mardi, il pleut,	et on va faire de la voile.
Mercredi, il fait 35°C,	alors nous pouvons faire un pique-nique.
Jeudi, il y a du vent	alors on va à la plage et on mange une glace.

Je suis très content de notre programme. J'espère que toi aussi. À dimanche !

Papa

2c Beantworten Sie anhand der Frankreichkarte die Fragen in ganzen Sätzen.

1. Quel temps fait-il à Lille? *Il fait gris et il pleut. Il fait 6°C.*
2. Il fait quelle température à Orléans ? ____________°C.
3. Est-ce qu'il y a du vent à Brest ? ____________
4. Il fait quel temps à Marseille ? ____________
5. Est-ce qu'on a besoin d'un parapluie à Ajaccio ? ____________
6. Quel temps fait-il à Toulouse ? ____________
7. Est-ce qu'on a besoin de lunettes de soleil à Lyon ? ____________
8. Il fait quelle température à Strasbourg ? ____________

H3 Des projets

3a Lesen Sie Marjolaines Brief an Nicole und ergänzen Sie ihn mit den fehlenden Wörtern. Beantworten Sie anschließend die Fragen in ganzen Sätzen.

grande • près • contents • lire • faire • partons • beaucoup • passer • aller

Chère Nicole,

Cette année, nous ________ en vacances avec mes parents. Ça va être super ! Thomas est d'accord pour ________ ses vacances avec ses beaux-parents et Nathan et Mariette sont très ________ ! Nous allons louer une maison ensemble ________ de Montpellier. Fido vient avec nous bien sûr ! Les animaux sont acceptés dans la maison.

On va faire ________ d'activités sympas dans la région. On va ________ de la randonnée et manger des glaces. On va ________ au musée. Mamie et Papi vont faire un peu de babysitting. 😉 Je vais pouvoir ________ un bon roman policier.

Tu veux venir nous retrouver avec Gilbert pour un weekend ? La maison est ________ et nous avons une chambre libre (Gilbert peut dormir dans la chambre des enfants). Et puis, Nathan va être content d'avoir un copain.

Bisous,

Marjolaine

Die zusammengesetzte Zukunft *(futur composé)* wird gebildet mit *aller* + Infinitiv:
Ils vont habiter à Montpellier. / Je vais aller à la plage.

1. Où est-ce que Marjolaine et sa famille vont habiter pendant les vacances ?

____

2. Comment s'appelle le mari de Marjolaine ?

____

3. Qu'est-ce que Marjolaine aime lire ?

____

4. Marjolaine invite Nicole à rester combien de temps avec eux à Montpellier ?

____

5. Qui est Gilbert ?

____

3b Florent weiß noch nicht, was er am Wochenende machen wird. Er fragt in seiner Messenger-Gruppe nach. Vervollständigen Sie die Sätze mit der richtigen Form von *aller*.

Alors les amis, qu'est-ce que vous *allez* faire le weekend prochain ?

Juliette : Philippe et moi, on ______ passer un weekend romantique à Cannes.

Marion : Vous avez de la chance ! Moi, je suis toujours malade, alors je ______ rester au lit.

Éléonore : Ma sœur et son fiancé ______ fêter leur mariage à La Ciotat. Nous _________ célébrer ça avec eux.

Karim : Je ne sais pas trop. Et toi Florent, qu'est-ce que tu ______ faire ?

S'il pleut, je ______ probablement faire le ménage.

Karim : Faire le ménage ? Toi ? Bien sûr ! 😂
Sérieusement, il ______ faire beau samedi. Alors on _____ pouvoir jouer au badminton au parc. Ça te dit ?

Bonne idée ! À 14h ?

Karim : Super ! À samedi !

3c Maries Tochter Ophélie heiratet am Samstag und Marie hat den Tag genau geplant. Um sicher zu sein, dass nichts schiefgeht, schreibt sie ihren Töchtern Éléonore und Ophélie, ihrem Sohn Tim und ihrem Mann Abélard den Ablauf genau auf. Ergänzen Sie Maries E-Mail auf Seite 65. Verwenden Sie dabei das *futur composé*.

Samedi 2 mai	Ophélie	Éléonore	Tim	Abélard
Matin	8h30 coiffeur	8h30 coiffeur	chercher les fleurs pour le mariage	pratiquer son discours
Après-midi	14h30 mariage à la mairie 16h vin d'honneur 18h30 restaurant *La Cigale souriante*			
Soir	danser la valse avec Jacques	chanter	jouer de la guitare	faire le discours

Bonjour mes chéris,

Voici le planning du jour du mariage :

Le matin, à 8h30, Ophélie et Éléonore vont ________________

Tim ________________

____

L'après-midi, à 14h30, on ________________ *pour la cérémonie du mariage.*

À 16h, nous ________________

____

Le soir, pour ouvrir le bal, ________________ *avec son mari.*

Après, ________________

____

J'espère que tout va bien se passer !!

Maman

I Hébergement et voyage

I1 Un petit hôtel charmant

1a Fannie möchte mit ihrem Mann Urlaub in Bayonne machen. Ihre Freundin Carla empfiehlt ein Hotel, das ihr besonders gut gefallen hat. Lesen Sie Carlas E-Mail und kreuzen Sie an: Sind die Aussagen wahr, falsch oder nicht im Text enthalten (on ne sait pas)?

Salut Fannie,

Alors, vous voulez passer vos vacances en Nouvelle-Aquitaine? Vous allez adorer !

À Bayonne, choisissez l'hôtel de l'Échauguette. Il est situé au centre-ville, à côté des musées et des cafés, mais il est très calme. L'hôtel n'est pas trop cher. Les chambres sont grandes et bien décorées et les lits sont confortables.

Le soir, vous pouvez diner au restaurant de l'hôtel ou dans le jardin (très joli avec des palmiers). Bonnes vacances ! On déjeune ensemble à ton retour ?

Bisous,

Carla

	vrai	faux	on ne sait pas
1. L'hôtel de l'Échauguette est près des musées.	☐	☐	☐
2. Les chambres sont petites.	☐	☐	☐
3. Les chambres simples coutent 80 €.	☐	☐	☐
4. Il y a un jardin.	☐	☐	☐
5. Carla veut diner avec Fannie après les vacances.	☐	☐	☐

1b Fannie ist begeistert von Carlas Vorschlag. Sie hat aber noch Fragen. Leider sind Carlas Antworten durcheinandergeraten. Bringen Sie sie wieder in die richtige Reihenfolge, indem Sie Carlas Nachrichten nummerieren.

Salut Carla, l'hôtel a l'air super, mais j'ai quelques questions. Combien coutent les chambres doubles ?

☐ Je ne sais pas. Envoie un mail à l'hôtel. Leur adresse mail est : echauguette@hotel.fr.

Ah ! Ce n'est pas trop cher. Est-ce qu'il y a un ascenseur ?

☐ Environ 85 € la nuit.

Et est-ce que les animaux sont admis ?

☐ Non, mais vous êtes sportifs, Michel et toi. 😊 À propos, il y a une piscine magnifique au 3e étage.

Merci Carla !

1c William möchte ein Zimmer im Hotel Léopold reservieren. Er hat aber noch Fragen. Ergänzen Sie seine E-Mail mit den folgenden Wörtern.

Das Datum:
le 1er janvier,
le 2 janvier,
le 21 janvier…

la chambre • des questions • le Wi-Fi • double • les animaux • inclus

Madame, Monsieur,

Je voudrais réserver une chambre __________ pour sept nuits, du 1er au 8 juin.

J'ai encore ________________. Est-ce que ______________ sont acceptés ? Nous allons venir avec un petit chien.

Est-ce que nous pouvons arriver après 22h ?

Est-ce que le petit-déjeuner est _____ dans le prix ? Il est servi jusqu'à quelle heure ?

À quelle heure est-ce que nous devons quitter ______________ ?

Est-ce qu'il y a __________ dans les chambres ?

Merci d'avance pour votre réponse.

Cordialement,

William Perrin

1d Das Hotel hat William geantwortet. Leider hat der Hotel-Mitarbeiter Denis viele Fragen falsch verstanden. Unterstreichen Sie die falschen Angaben bzw. die Informationen, die William nicht weiterhelfen.

Monsieur,

Merci pour votre courriel. Nous avons réservé pour vous une chambre simple du 8 au 11 juin. La chambre coute 85 € et les petits animaux sont admis (supplément de 5 € par jour).

Vous pouvez arriver après 22h. Notre réception est ouverte 24h sur 24. Nous servons le petit-déjeuner dans le jardin, au restaurant ou dans votre chambre. La femme de chambre fait le ménage tous les jours et la connexion Internet est disponible dans toutes les chambres.

Cordialement,

Denis Létourdi

1e Der Hotelmanager, Manuel Leclair, bemerkt den Fehler und möchte die Informationen berichtigen. Ergänzen Sie seine E-Mail.

Monsieur,

Merci pour votre courriel. Nous avons réservé pour vous ______________________________

____

... ein Doppelzimmer vom 1. bis zum 8. Juni.

Voici les informations supplémentaires demandées :

La chambre coute 85 €.

____

____

Das Frühstück ist im Preis inbegriffen.

Il est servi entre 7h et 10h30.

____

____

Sie müssen das Zimmer um 11 Uhr verlassen.

____

Mit freundlichen Grüßen

Manuel Leclair

1f **In Bayonne findet jährlich eine große Schinkenmesse statt. Das Ehepaar Gendron fährt hin und hat im Hotel Vauban ein Zimmer reserviert. Rekonstruieren Sie die Reservierungsanfrage von Alain Gendron mithilfe der Antwort des Hotelmitarbeiters.**

Madame, Monsieur,

____

____

____

____

____

____

____

____

Merci

____

____________________,

Alain Gendron

Monsieur Gendron,

Merci pour votre mail. Nous avons réservé pour vous une chambre double du 7 au 9 aout. La chambre coute 95 € (Wi-Fi et petit-déjeuner compris). Notre réception est ouverte 24h sur 24h, alors vous pouvez arriver après 21h.

Cordialement,
Armand Lebel

1g **Drei Mitarbeiter der Firma Jamboniel fahren auch zur Messe. Reservieren Sie drei Einzelzimmer für 3 Nächte (6. bis 9. August) im „Hotel de l'Échauguette". Fragen Sie auch, ob die Zimmer über WLAN verfügen.**

____________________,

____

____

____

____

____

____

____________________,

Brigitte Delenay, Jamboniel

I2 Des vacances en famille

2a Familie Meunier möchte ihre Ferien in der Bretagne verbringen und erkundigt sich im Internet. Ergänzen Sie die Online-Werbungen für die folgenden drei Unterkünfte.

une vue panoramique • en camping-car • personnes • entre amis • les parcelles • électricité • lit double • Animations

En tente ou ________________, venez vivre une expérience extraordinaire au camping 5 étoiles *Les Rêveurs*.

Toutes ______________ sont équipées d'une connexion d'eau, d'____________ (6 ampères) et de drainage.

Gratuit : Wi-Fi, mini-club, accès à nos piscines.

Du plaisir pour toute la famille !

Venez passer la nuit dans notre phare ! Du haut de ses 25 mètres, le phare permet ______________________ à 360° sur la côte bretonne. Il se compose d'une pièce principale avec ____________, canapé « clic-clac » et coin cuisine, salle d'eau avec WC. Maximum quatre ____________.

plage 50m boulangerie et épicerie 500m

restaurants / bars 2km

Situé dans un espace naturel (à 20 m de la plage), l'Auberge de Jeunesse dispose de 10 chambres de 5 lits. En famille ou ____________, venez passer des vacances de rêve avec nous.

Nos animateurs proposent des activités pour les enfants de 3 à 12 ans : bricolages, jeux à la plage, ...

____________ pour tous : pétanque, promenades dans le parc naturel, cours de voile.

2b Welche Unterkunft wird Familie Meunier aussuchen, wenn sie direkt am Meer wohnen möchte und wenn die beiden Kinder betreut werden sollen?

La famille Meunier va choisir ________________________________

2c Balthasar betreibt den Campingplatz „Les Pins sauvages". Sein Cousin schreibt ihm, weil er dort mit seinen Kindern Urlaub machen möchte. Leider sind seine Nachrichten durcheinandergeraten. Bringen Sie die Satzteile wieder in die richtige Reihenfolge.

Salut Balthasar ! On veut passer nos vacances du 1er au 14 mai dans ton camping. On voudrait venir en camping-car. C'est possible ?

Salut le cousin ! Bien sûr. Il y a encore des parcelles libres. Tu viens avec les enfants ?

C'est ça. pouvons venir / chien Médor ? / avec notre / Est-ce que nous

____

Oui. Les animaux sont acceptés.

y a / sur le camping ? / Est-ce qu'il / le Wi-Fi

____

Non, mais on a accès à Internet dans la salle de séjour.

camping ? / y a un / près du / Est-ce qu'il / supermarché

____

Oui. L'épicerie est à 100m.

les parcelles / d'une connexion d'eau / Est-ce que / et d'électricité ? / sont équipées

____

____

Il y a une connexion d'eau, mais seulement 10 parcelles ont l'électricité.

Et est-ce que tu nous fais un bon prix ?

Bien sûr ! Alors, vous venez ?

2d Famille Chevalier möchte vom 1. bis zum 8. August eine Woche auf Balthasars Campingplatz verbringen. Schreiben Sie die Reservierungsmail. Sie brauchen einen Stellplatz für ein Wohnmobil mit Wasseranschluss.

____

____

____

____

____

I3 Bon séjour !

3a Lesen Sie den Aushang am Campingplatz und beantworten Sie die Fragen.

BIENVENUE AU CAMPING *LA TENTE ÉLÉGANTE* !

Voici quelques conseils pour un bon séjour :

- Pour laver vos vêtements, utilisez notre lave-linge (bâtiment C). L'appareil accepte les pièces de 50 centimes et de 1 euro.
- Si vous voulez faire les courses : il y a une épicerie en direction centre-ville. Vous pouvez aussi aller au marché le mercredi et le samedi.
- La salle de séjour (bâtiment D) est à votre disposition pour regarder la télévision ou jouer à des jeux (monopoly, scrabble, ...).
- Respectez la tranquillité de vos voisins. Ne faites pas de bruit (musique, fête, ...) entre 22h et 7h30.

En cas d'urgence, contactez-nous au 07 34 61 65 23 (SMS : M. Collet).

1. Où est-ce que vous pouvez laver vos vêtements ?

____

2. Quels sont les jours de marché ?

____

3. Qu'est-ce qu'il y a dans le bâtiment D ?

____

4. Jusqu'à quelle heure est-ce que vous pouvez faire la fête (et du bruit) ?

____

5. Comment s'appelle le responsable du camping ?

____

3b Herr Collet, der Besitzer des Campingplatzes, steht seinen Gästen per SMS immer zur Verfügung. Verbinden Sie die Beschwerden mit den passenden Antworten.

1. **Jeannette :** M. Collet, il n'y a pas d'eau chaude dans le bâtiment A.

2. **M. Maillard :** Le lave-linge ne fonctionne pas. J'ai mis 2 € et l'appareil ne marche pas !

3. **Joachim Toller :** Les voisins ont fait la fête toute la nuit ! Ce n'est pas possible ! Vous devez parler à ces gens.

4. **Luc :** M. Collet, il n'y a plus de papier-toilette dans le bâtiment E.

a. Avez-vous allumé l'appareil ? Il faut appuyer deux fois sur la touche verte.

b. La femme de ménage va passer dans le bâtiment E dans cinq minutes.

c. Je vais régler ça tout de suite.

d. Je suis désolé pour cette nuit. Je vais parler à M. Bertrand cet après-midi.

3c Sie sind ebenfalls Gast auf dem Campingplatz von Herrn Collet und haben kleine Probleme bzw. Fragen. Benachrichtigen Sie Herrn Collet.

____
____

1. Die Dusche funktioniert nicht.

____
____

2. Es gibt keinen Strom.

____
____

3. Kann man mit dem Bus in die Stadt fahren?

____
____

4. Hat der Supermarkt sonntags auf?

____
____

5. Verkaufen Sie Stadtpläne?

J Raconte-moi

J1 Mon journal

1a Jacinthe schreibt jeden Tag in ihr Tagebuch. Lesen Sie ihren Eintrag und beantworten Sie die Fragen in ganzen Sätzen.

Ce matin, je suis allée à Dijon avec Léopold, mon collègue préféré , pour participer à un congrès. Nous avons voyagé en train. Nous sommes partis très tôt (à 5h35 !!) et nous sommes arrivés à 9h au Palais des Congrès. Là, nous avons écouté une conférence pas très intéressante sur les stratégies de marketing de l'entreprise GDTV (une vraie perte de temps).

À midi, j'ai rencontré des clients très énervants et j'ai dû déjeuner avec eux au restaurant . Après, je suis retournée au Palais des Congrès pour une autre conférence. Nous avons fini à 18h00. Ouf ! À l'hôtel, j'ai rencontré ma collègue Francine et nous avons pris l'apéro au bar avec Léopold. On a passé un moment agréable. Je suis ensuite montée à ma chambre. Là, j'ai écrit des mails et puis, je suis allée au cinéma. J'ai regardé le film « Boum ! » (Quel mauvais film !). Je suis rentrée vers 22h30.

1. Jacinthe est allée dans quelle ville ?

____

2. Pourquoi est-ce qu'elle est allée là ?

____

3. Elle a pris quel moyen de transport ?

____

4. Où est-ce qu'elle a mangé à midi ?

____

5. À quelle heure est-ce qu'elle est rentrée à l'hôtel après le cinéma ?

____

____

> Das *passé composé* wird meist mit ***avoir*** *(haben)* gebildet. Dies gilt auch für das Verb ***être*** *(sein): J'**ai** été très content.*
>
> Ausnahmen bilden z. B. Verben der Bewegungs**richtung** wie *aller / venir, entrer / sortir, arriver / partir*. Dabei wird das *participe passé* an das Subjekt angeglichen: *Elles sont rest**ées**.*
>
> Vorsicht: Verben, die eine Bewegungs**art** ausdrücken, bilden das *passé composé* mit *avoir: Ils* **ont** *marché.*

1b Jacinthe hat an diesem Tag sowohl Positives als auch Negatives erlebt. Tragen Sie ihre Erlebnisse entsprechend ein.

Positif : *Elle a voyagé avec son collègue préféré.* ______

______

Négatif : ______

______

______

1c Léopold schreibt ebenfalls Tagebuch, aber online. Vervollständigen Sie die Sätze mit der richtigen Form von *avoir* oder *être* und beantworten Sie die Fragen.

Ce matin, (je) / ~~j'~~ *suis* allé à Dijon en train avec ma collègue Jacinthe. Nous ______ participé au congrès *Stratégies commerciales*. Pendant la pause, je / j' ___ rencontré Marianne Sodir, une ancienne amie. Elle travaille maintenant chez GDTV, notre concurrent. Je / J' ___ déjeuné avec elle dans une brasserie. Elle est vraiment très sympa et elle __ raconté des choses intéressantes. Après, nous ________ retournés au Palais des Congrès. À 18h, je / j' ____ rentré à l'hôtel avec Jacinthe et Francine, une autre collègue. On _ pris l'apéro au bar. Puis, mes collègues _____ parties et moi, je / j' ___ téléphoné à Marianne. Nous ______ visité Dijon « by night ».
Quelle belle journée (et soirée) !

1. Qui est Marianne Sodir ?

______

2. Léopold et Marianne ont déjeuné où ?

______

3. Léopold est rentré à l'hôtel à quelle heure ?

______

4. Qu'est-ce qu'il a fait le soir, après l'apéro ?

______

______

1d Armande arbeitet in einer Parfümerie. Sie schreibt jeden Tag in ihr Tagebuch. Ergänzen Sie ihren Eintrag, indem Sie die Verben ins *passé composé* setzen.

Aujourd'hui comme tous les matins, (je) / ~~j'~~ *suis allée* (aller) au travail. Je / J' ______________ (arriver) à 8h. Je / J' __________ (dire) bonjour à Mme Suzeau et je / j' ____________ (ouvrir) le magasin. Cette semaine, je suis à la caisse. Deux clientes ______________ (arriver) : une grande dame corpulente et une petite femme mince. La petite cliente ____________ (regarder) les parfums et ____________ (demander) des conseils. L'autre dame, la grande, ____________ (aller) voir les produits de beauté. Tout à coup, la grande cliente ______________ (tomber). Boum ! Badaboum ! Les vendeurs ____________ (aller) l'aider et moi, je / j' ____________ (rester) à ma place et je / j' ____________ (regarder) l'autre cliente. Elle __________ (prendre) un flacon de parfum et elle __________ (mettre) le produit dans son sac à main. Je / J' ____________ (appeler) Mme Suzeau. Elle ____________ (venir) tout de suite et ____________ (parler) à la cliente suspecte. On ____________ (trouver) le parfum dans son sac. Mme Suzeau ____________ (appeler) la police et les gendarmes ______________ (venir). Je / J' __________ (avoir) des félicitations et une bouteille de shampoing de luxe comme remerciement. Elle est super, Mme Suzeau !

1e Schreiben Sie Lionels Tagebucheintrag für den gestrigen Sonntag. Die Ausdrücke in der Liste sind bereits in der richtigen Reihenfolge angegeben.

rester toute la journée à la maison • lire un bon livre • surfer sur Internet • faire du jardinage • diner avec mon copain Pascal • regarder un match de foot à la télé • aller au lit à 23h

Hier, ____

____

____

____

____

____

____

____

J2 Mes vacances

2a Mélodie und Arnaud haben Postkarten von ihren Freunden bekommen. Leider hat ihr Hund zwei davon zerrissen. Welche Sätze gehören zu welcher Postkarte (A oder B) und in welcher Reihenfolge (1 bis 4)?

A

B

1A *Cher Arnaud,*
Nous passons quelques jours à Colmar en décembre. C'est magnifique !

☐ *Coucou Mélodie !*
Tout est beau à Nice : les palmiers, ma chambre d'hôtel, les gens !

☐ *Il fait chaud (38°C) et il y a du soleil, du soleil et encore du soleil ! Je vais à la plage tous les jours. Je vais revenir bronzée à la maison !*

☐ *Je rentre jeudi soir. Merci encore d'arroser mes plantes.*
Bisous,
Perrine

☐ *Hier, nous sommes allés au marché de Noël. Nous avons bu un vin chaud et nous avons écouté un concert sur une place. J'ai acheté une « pyramide de Noël ». Tu connais ?*

☐ *Demain, nous allons visiter le musée Unterlinden avec son célèbre retable d'Issenheim de Mathias Grünewald.*
Bises,
Océane et Blaise

☐ *Hier, je suis allée sur la promenade des Anglais et j'ai fait un peu de roller. Ensuite, j'ai pris place sur une chaise bleue et j'ai regardé la baie des Anges. Quel plaisir !*

☐ *Aujourd'hui, il a neigé, alors nous avons fait une promenade romantique dans la ville. J'ai adoré le quartier de la petite Venise.*

2b Quentin schreibt seinen Freunden. Ergänzen Sie die Postkarte.

j'ai visité • je vais faire • Je vous embrasse • il n'y a pas • je passe • je vais aller

Salut les amis !

Je suis sur la route des châteaux de la Loire et ____________ des vacances de rêve !

La semaine dernière, ____________ les châteaux de Villandry, de Blois et de Chenonceau. En avril, c'est bien : ____________ beaucoup de touristes et les jardins sont magnifiques avec des tulipes et des narcisses.

Demain, ____________ à Chambord et ____________ une visite guidée. C'est intéressant d'avoir des informations sur la construction du château, sur l'architecte, etc…

J'espère que vous allez bien.

________________,

Quentin

2c Charles verbringt seinen Urlaub mit seiner Familie in Nantes. Orientieren Sie sich an den folgenden Stichpunkten und schreiben Sie auf Seite 79 aus der Sicht von Charles die Nachricht an seinen Nachbarn André.

- Charles und seine Familie verbringen ihren Urlaub in Nantes. Die Stadt ist toll und das Wetter ist schön.
- Gestern haben sie den „Jardin des plantes" besucht. Die Kinder haben (es) sehr geliebt.
- Heute werden sie das „Château des ducs de Bretagne" besichtigen. Sie möchten an einer Führung teilnehmen.
- Sie kommen am Freitag zurück. Sie bedanken sich nochmals fürs Pflanzengießen.

_______________,

Nous passons nos vacances

J3 Un grand merci !

3a Nicole und Gilbert haben ein Wochenende bei Marjolaines Familie verbracht und möchten sich bedanken. Leider hat sich in der E-Mail ein Virus versteckt, der den ganzen Text durcheinandergebracht hat. Bringen Sie die Nachricht wieder in die richtige Reihenfolge.

☐ Je t'embrasse bien fort ! Dis bonjour à ta famille de ma part !

☐ Merci aussi à Mamie Thérèse pour le babysitting. J'ai pu me reposer et faire de la natation. La plage, ça fait du bien ! Ta famille est vraiment super.

☐ Merci encore pour ce beau weekend. Gilbert a eu beaucoup de plaisir avec Nathan. Grâce à toi, nous avons découvert Montpellier. Quelle belle ville !

☐ Si tu veux, tu peux passer par chez nous au retour. On peut faire un barbecue ensemble s'il fait beau !

1 Chère Marjolaine,
Nous sommes bien revenus à la maison, Gilbert, Fido et moi.

☐ Nicole
P.S. : J'ai oublié mes lunettes de soleil chez vous. Tu peux les garder jusqu'à notre prochain rendez-vous ?

3b Mélissa und Daniel verlassen die Wohnung, die sie von Isaac zur Verfügung gestellt bekommen haben. Ergänzen Sie das Dankesschreiben an ihren Gastgeber.

très central • magnifique • lave-vaisselle • Nous avons déjeuné • nous avons adoré • un excellent séjour

Cher Isaac,

Nous sommes bien revenus chez nous à Montbéliard.

Merci encore pour l'appartement. Nous avons passé ________________ chez vous. L'appartement est __________ et très bien équipé (lave-linge ET ____________, wow !). En plus, il est ____________. Nous avons visité plusieurs monuments historiques du quartier et nous sommes allés au festival des arts de la rue Fest'arts. Nous avons vu plusieurs spectacles et _______________ !

Merci aussi pour le plan du centre-ville et pour les suggestions de restaurant. ________________ au Bistrot des Daguets et nous avons dîné à la Pizzeria du Vieux Four. Délicieux !

Bon début d'automne et à bientôt !

Mélissa et Daniel

3c Sie haben das Wochenende bei Ihrer Freundin Yasmine in Paris verbracht. Als Sie wieder abfahren, hinterlassen Sie eine kleine Karte, um sich zu bedanken.

____

Un grand merci ________________________________

____

____

____

____

____

____

Liebe Yasmine,

vielen Dank für dieses wunderbare Wochenende. Dank dir habe ich Paris entdeckt. Was für eine schöne Stadt!

Danke auch an deine Eltern. Sie sind wirklich super! Grüß deine Familie von mir.

Bis bald!

Lösungen

A Premiers contacts

A1 On se présente

1a

Nom :	*Letendre*
Prénom :	*Ludovic*
Âge :	*52 ans*
Nationalité :	*française*
Ville d'origine :	*Paris*
Résidence :	*Lyon*
Cuisinier professionnel :	*Oui*
Spécialités :	*la bouillabaisse*

1b *Moi, c'est* Yun Li. J'ai 33 *ans*. Je suis *chinoise*. Je suis née à Shanghai, mais j'habite *à Lyon*. J'ai fait mes études ici et maintenant, j'ai *un restaurant* : *La Carotte bleue*. Nous servons des plats modernes et créatifs. Ma spécialité : le magret de canard.

1c **Lyon y va !** Monsieur *Hardu*, vous êtes candidat à l'émission *La meilleure recette*. Est-ce que vous êtes cuisinier professionnel ?
Nicolas Hardu *Non*. Je travaille comme informaticien, mais ma passion, c'est la cuisine.
Lyon y va ! Vous habitez à Lyon ?
Nicolas Hardu *Non, j'habite à Villeurbanne*, près de Lyon.
Lyon y va ! Vous êtes français ?
Nicolas Hardu Non. *Je suis suisse.*
Lyon y va ! Vous êtes d'où ?
Nicolas Hardu *Je suis de Genève.*
Lyon y va ! Une question indiscrète : Vous avez quel âge ?
Nicolas Hardu *J'ai 32 ans.*
Lyon y va ! Quelles sont vos spécialités ?
Nicolas Hardu J'aime la cuisine française traditionnelle. Ma recette préférée est *le bœuf bourguignon.*

1d *Ihre persönlichen Angaben.*

A2 Nouveau en ville

2a Bonjour ! Je *m'appelle* Hélène Levasseur. Je suis française. J'*habite* à Mulhouse depuis trois mois. Je suis *comptable* et j'ai 48 *ans*. Je voudrais rencontrer des gens sympas pour faire des activités. J'adore la littérature (romans, *biographies* et livres de recettes 🙂). J'aime aller au cinéma et au *théâtre*, mais je n'aime pas l'opéra.

2b Mögliche Lösung
Je m'appelle Thomas Forestier. Je suis belge, de Bruxelles. Je suis journaliste et j'ai 35 ans. J'aime le sport. J'adore le tennis par exemple. J'aime aller au concert, mais je déteste la musique heavy metal.

2c
- ● Salut Thomas ! Je m'appelle Guy et moi aussi, je suis nouveau à Mulhouse.
- ■ Bienvenue Guy ! Tu es d'où ?
- ● *Je suis de Québec.*
- ■ J'adore cette ville. J'ai étudié là pendant un semestre. Je suis journaliste. Et toi, qu'est-ce que tu fais dans la vie?
- ● *Je suis photographe.*
- ■ Et tu aimes le sport ?
- ● *Oui. J'aime le foot et j'adore le golf.*
- ■ Moi, je préfère le tennis, mais je joue aussi au golf. C'est super ! On peut jouer ensemble.
- ● Ah non. Moi, j'aime le sport à la télé...
- ■ Dommage ! Et tu aimes la musique ?
- ● *Oui, j'aime la musique pop et le rap, mais je déteste le jazz.* Et toi ?
- ■ Moi, j'adore les musiques du monde. [...]

A3 Je parle un peu allemand

3a Chers amis de la ville jumelée,
Ma fille Noémie et moi *(, nous) avons* une grande maison et nous pouvons inviter jusqu'à quatre personnes.
Moi, c'est Solange. J'*ai* 38 ans.

Je *suis* de Nîmes, mais j'*habite* et je *travaille* à Aix-en-Provence depuis 15 ans. Je *suis* guide touristique et j'*aime* beaucoup ma ville. Je parle couramment anglais et un peu allemand. Noémie *a* 12 ans. Elle est en 5e au collège Château double. Elle apprend l'allemand et l'anglais à l'école. Elle *adore / aime* les langues.
À bientôt !
Solange

3b
1. Solange est de Nîmes.
2. Noémie a 12 ans.
3. Solange est guide touristique.
4. Solange parle anglais et (un peu) allemand.
5. Oui. (Noémie aime apprendre des langues.)

3c La famille Klein (cinq personnes) est trop nombreuse.

3d Bonjour Madame Fontaine, bonjour Noémie,
Nous cherchons un logement pour le weekend du jumelage. Nous sommes deux personnes : **ma mère** Martina et moi. Moi, je m'appelle Tamara ou Tamy, pour les **amis.** 😊 **J'ai** 14 ans. Je parle **anglais** et **français**. J'aime beaucoup la France. J'habite **à Tübingen.**
Ma mère est professeure d'allemand dans un lycée. Elle aime **les langues** et **les voyages**.
À bientôt !
Tamara et Martina Steigerwald
P.S. Nous avons aussi une **grande** maison. Vous pouvez habiter chez nous si vous voulez.

3e Bonjour ! Je cherche un partenaire pour pratiquer des langues étrangères. En ce moment, j'apprends *le français* et *le chinois*. Je parle couramment *allemand* et *espagnol*. Je comprends *le néerlandais* et je parle un peu *italien* et *anglais*. Karl

3f Bonjour ! Je m'appelle Audrey Mueller et je cherche un partenaire pour pratiquer le russe. J'ai 26 ans et je suis secrétaire. Je parle couramment anglais. Je parle très bien français et italien.

B Au travail

B1 Professions

1a (1) **Technique / Industrie** (2) **Santé** (3) **Secrétariat**

1b (4) **Transport**
Vous voyagez et vous êtes souvent sur *la route*. Vous connaissez *la géographie*. Vous travaillez *dans un véhicule*. Vous êtes *sportif* et vous n'avez pas peur *du stress*.

1c Vous travaillez dans un restaurant ou un hôtel. Vous aimez le contact avec les gens et vous aimez travailler avec des touristes. Vous parlez plusieurs langues (étrangères). Vous connaissez bien la région et ses produits.

1d
1. M. Argin : (1)
2. Mme Roux : (2)
3. M. Blain : (5)
4. Mme Ben Jelloun : (5)
5. M. Millet : (2)
6. Mme Léman : (3)
7. M. Dulac : (3)
8. Mme Guay : (3)
9. M. Roy : (4)
10. Mme Lefin : (5)

1e Agent / *Agente* de réservation
Sommelier / *Sommelière*
Infirmier / *Infirmière*
Psychologue / *Psychologue*
Mécanicien / *Mécanicienne*
Boucher / *Bouchère*
Marchand / *Marchande* de fruits
Assistant / *Assistante*

1f
1. Elle est ingénieure.
2. Son entreprise fabrique des imprimantes.
3. Son travail est intéressant et créatif.
4. Ses collègues sont sympas et compétents.

1g Salut Vicky ! Moi, je suis *policier*. C'est un travail difficile, mais vraiment *utile*. J'aime travailler avec les gens et trouver des solutions à *leurs conflits*. Ce n'est pas un travail *monotone*. Chaque jour est différent. Le seul problème : *les horaires*. Je dois souvent travailler le soir.

1h Oui. Elle *habite maintenant à Nantes. Elle est mariée et elle a deux enfants. Elle est vendeuse dans une boutique de mode. Elle aime beaucoup son travail. Ses collègues sont compétents et son chef est très sympathique. Elle aime aussi le contact avec les clients.* Si tu veux, on va prendre un café tous les trois. Nantes, ce n'est pas très loin.

B2 Mes collègues

2a Foto 1: Pour notre film expérimental...
Foto 2: Nous cherchons un danseur...
Foto 3: Mannequins petite taille...
Foto 4: Cherchons homme...

2b

long ≠ court	grand ≠ petit
mince ≠ corpulent	vieux ≠ jeune

2c [...] Tu vas travailler avec Mme Lecompte, la technicienne. Elle est *grande et elle porte des lunettes rondes.* Elle a beaucoup de patience, mais elle est parfois un peu autoritaire.
Notre informaticien, c'est Louis Aubry. Il est *assez corpulent. Il a les cheveux longs et il porte une barbe.* Il parle beaucoup, mais il est très efficace. Si tu as des problèmes, il va t'aider.
Tu connais déjà M. Lemers, mon chef. Il est sympa et très compétent.
Si tu as besoin d'un café, demande à Tristan. 😊 C'est notre stagiaire. *Il est grand et il a les cheveux blonds. Il est sportif* et très motivé. Il est super ! [...]

B3 Au bureau

3a 1. un écran, 2. un ordinateur portable, 3. une souris, 4. un clavier, 5. une imprimante, 6. une clé USB

3b [...] J'ai beaucoup de problèmes avec mon ordinateur. Il plante tout le temps. Je perds souvent mes textes. En plus, il est très lent. Sur le *clavier* la touche *e* ne fonctionne pas. C'est énervant ! Mon *écran* est trop petit. Je voudrais un 17'' ou plus. Je n'aime pas du tout ma *souris*. Elle n'est pas ergonomique. Et puis, mon *imprimante* est vieille et elle n'imprime pas en couleurs. [...]

3c 1. vrai, 2. faux, 3. vrai, 4. faux , 5. faux

3d [...] Apportez *votre tasse*. C'est plus écologique !

Avant de quitter votre poste de travail :
Fermez *les fenêtres*.
Arrêtez la climatisation.
Éteignez votre ordinateur et *votre imprimante*.

[...] N'oubliez pas *vos documents* dans l'appareil ! [...]

Arroser *les plantes*
[...]

C Le temps libre

C1 Je vais parfois au théâtre

1a jamais – rarement – parfois / de temps en temps – souvent – tous les jours

1b 1. faux, 2. vrai, 3. on ne sait pas, 4. vrai, 5. faux

1c Valentin va tous les jours à la piscine.
Il visite rarement des musées.

1d **Les voyages**
Je regarde le Tour de France chaque année. Je prends l'avion trois fois par an. Je visite souvent des musées. J'achète parfois des souvenirs.
La cuisine
Je fais les courses deux fois par semaine. Je mange au restaurant une fois par semaine. J'achète souvent des livres de cuisine. Une fois par semaine, je prends un cours de pâtisserie. Le mardi soir, je regarde *La meilleure recette*.

La mode
Je vais chez le coiffeur deux fois par mois. J'achète souvent de nouveaux vêtements.

Je reçois le magazine *Elle* une fois par semaine. J'adore les chaussures originales.

1e **Mögliche Lösung**
Je suis tous les jours dans mon atelier. Je fabrique parfois des décorations.
De temps en temps, j'achète des matériaux.
Je vais souvent au magasin de bricolage.
Le weekend, je répare des meubles.

1f
- ● Je ne lis pas souvent des romans.
- ■ Moi si.
- ● Je fais du vélo de temps en temps.
- ■ Moi aussi.
- ● Je vais au théâtre deux fois par an.
- ■ Moi pas.
- ● Le weekend, je mange parfois au restaurant.
- ● Moi aussi.
- ■ Je ne fais pas souvent de jardinage.
- ● Moi non plus.

C2 Le lundi, je fais du sport

2a (1) *à la piscine*, (2) *du karaté*, (3) *L'équipe*, (4) *le weekend*

2b lundi 18h : natation, mardi 20h : judo, mercredi 20h : foot, jeudi 10h : natation, vendredi 20h : yoga, samedi 10h : foot

2c Bonjour, je m'appelle Loïc et j'adore le sport. Je suis entraineur professionnel. Je joue au rugby, au handball et au squash. Je fais du fitness, de la voile et de l'équitation.

C3 Mardi soir, je donne un concert

3a lundi matin : natation
mardi après-midi : piano
mercredi soir : handball
jeudi matin : ménage
vendredi après-midi : repair café
samedi : faire les courses, faire la cuisine
dimanche matin : orgue à l'église

3b
1. Oui, il est content d'être retraité.
2. Il pratique la natation et le handball.
3. Il fait le ménage le jeudi.
4. Au repair café, il fait du bricolage et il répare des meubles ou des appareils.

3c
- ● Bonjour Papa ! [...]
- ■ Salut Fiston! Non, samedi soir, *je dine avec Mathilde.*
- ● Vendredi soir alors ?
- ■ Non, vendredi, *j'ai un match de handball*. Tu veux venir ?
- ● Je n'aime pas beaucoup le sport. Je préfère faire une autre activité avec toi. On brunche ensemble dimanche matin ?
- ■ Non, je ne peux pas : le dimanche matin, *je joue de l'orgue*. Mais j'ai une idée. Dimanche après-midi, je donne *un concert.* Nous jouons du rock 'n roll. Tu viens avec nous et après, on dine ensemble.
- ● Parfait ! À dimanche!

3d **Mögliche Lösung**
Salut Martine,
Aller au parc pour faire de l'aquarelle !
Quelle bonne idée ! *Malheureusement, je ne peux pas lundi soir. Le lundi, je fais du yoga. Mardi soir, je vais au cinéma avec Lucie. Le samedi, je vais au marché. Je peux aller au parc avec toi dimanche après-midi.* Ça te va ? Bisous, Carrie

D Vous habitez où ?

D1 Mon quartier

1a [...] On trouve aussi *des cafés*, mais il n'y a pas de restaurants. Dommage !
Pour les fans de nature, il y a *un jardin public* pour faire des promenades ou du sport. Pour les enfants et les adolescents, il y a *une école* et un collège, mais il n'y a pas d'université. Près de chez moi, il y a aussi une maison de la culture avec un grand gymnase. Malheureusement, il n'y a pas de cinéma.
Dans le quartier Clarisse, il y a aussi des services médicaux comme *un hôpital*, des médecins et même un dentiste.
C'est pratique !

1b Oui : une boulangerie, une boutique, des cafés, un jardin public, une école, une maison de la culture, un gymnase un hôpital, un dentiste.
Non : des restaurants, une université, un cinéma.

1c
1. Oui, parce qu'il y a un jardin public et un gymnase.
2. Non, parce qu'il n'y a pas d'université.
3. Non, parce qu'il n'y a pas d'attractions touristiques / pas de musées.

1d
1. Le musée est *devant le* parc, *à gauche du* magasin de souvenirs.
2. La station de métro est *en face du* parc *au coin de la* rue.
3. Il y a une banque *dans* l'avenue Camille.
4. L'office de tourisme se trouve *derrière le* cinéma.

1e
- ● Bonjour Jean-Pierre,
  Votre appartement est parfait pour nous, mais nous avons quelques questions : Est-ce qu'il y a une épicerie ou un supermarché dans le quartier ?
- ■ *Il y a une épicerie dans la rue St-Exupéry à côté de l'école. Le samedi, on peut aller au marché sur la place à gauche de la station de métro.*
- ● Merci ! Et est-ce qu'il y a une bonne boulangerie près de chez vous ?
- ■ *La boulangerie La Brioche dodue est très bonne. Elle se trouve derrière l'école.*
- ● Parfait ! Nous avons aussi besoin de livres pour nos cours à l'université. Est-ce qu'il y a une librairie dans le quartier ?
- ■ *Il y a une librairie en face de la banque.*
- ● Une dernière question... Nous faisons beaucoup de sport (natation, fitness, tennis...).
  Est-ce qu'il y a une piscine ou un gymnase près de l'appartement ?
- ■ *Il n'y a pas de piscine dans le quartier, mais il y a un centre de fitness au coin de la rue.*

D2 Chez nous

2a Située dans un quartier calme et près de la plage, notre maison est idéale pour un groupe *de 5 personnes*.
Au rez-de-chaussée, il y a *une cuisine équipée*, une salle à manger, un séjour avec un coin bibliothèque et des WC. Vous pouvez aussi utiliser les meubles de jardin et le barbecue sur *la terrasse*.
Les trois chambres, une salle *de bain* et des WC séparés se trouvent au 1er étage.
Libre *en juin* et en juillet.
Die Fotos 2 und 4 passen nicht zur Beschreibung.

2b 2. Cuisine, 3. Salle de bain, 4. Chambre, 5. Salle à manger, 6. Jardin / terrasse

2c Mögliche Lösung
Dans l'appartement, il y a deux chambres (une chambre double et une chambre simple), une grande salle de bain, une cuisine / salle à manger et un salon. Dans le jardin, il y a une table et des chaises.

2d Les Jocris échangent la maison avec les Simard parce que leur appartement est aussi libre en juin.

D3 C'est tout près

3a *Die Wohnung befindet sich über der Pizzeria (am linken Rand der Karte).*

3b
1. Tournez à gauche.
2. Traversez le parking.
3. Allez tout droit jusqu'à la banque.
4. Prenez la première rue à gauche.
5. Continuez tout droit.
6. Passez devant les tours.

3c Salut ! On prend l'apéro ce soir à 17h à la brasserie dans la rue du 14-juillet ? Tu connais ? C'est facile. Tu *prends* la rue Saint-Exupéry et tu *vas* tout droit jusqu'à l'avenue Mozart. Là, tu *tournes* à droite et tu *prends* la première rue à gauche, la rue Saint-Victor. Tu *passes* devant l'église et à la banque, tu *tournes* à droite.

Ensuite, tu *prends* la deuxième rue à droite. La brasserie est à 50 mètres sur la gauche.
À plus ! Maxime

3d **Mögliche Lösung**
Pour aller à la brasserie, tu tournes à droite dans la rue de l'Académie et tu continues tout droit jusqu'à la rue du 14-juillet. Là, tu tournes à gauche. Tu vas tout droit et tu traverses l'avenue Mozart. La brasserie est à 50 mètres sur la droite, en face de la poste.

E Tout le monde est invité !

E1 Ma famille

1a sœur, grand-père, frère, parents, petite-fille, mari, mère, tante, fils, père, fille, femme, oncle, petit-fils, grand-mère

1b 3. 1.
2. 4.

1c 1. parents, 2. sœur, 3. mari, 4. petites-filles, 5. grand-père, 6. frère

1d

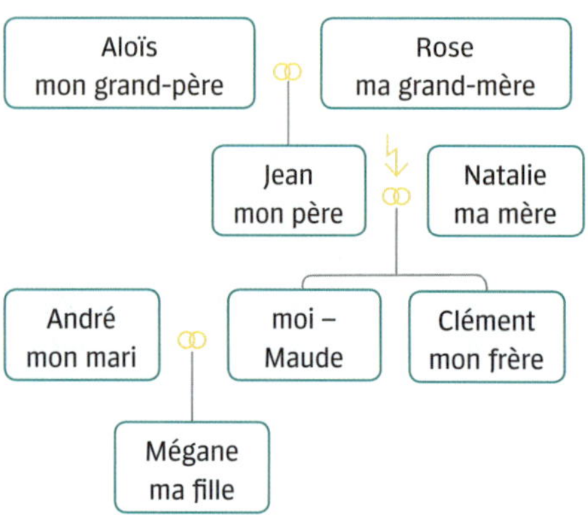

1e **Mögliche Lösung**
Mon grand-père s'appelle Laurent. Sophie est ma grand-mère.
Mes parents s'appellent Armand et Nicole. J'ai une sœur, Marie. Ma femme s'appelle Emma et nous avons un fils: Henri.

E2 On vous invite

2a Einladung B ist formeller.

2b
1. Elles fêtent vendredi.
2. La fête commence à 18h.
3. Elles habitent à Limoges.
4. Oui, ils doivent répondre à l'invitation.
5. C'est véroetalex@web.fr.

2c Salut les jumelles,
Merci pour votre invitation. *Bien sûr que je viens* à votre fête ! Si vous voulez, j'apporte quelque chose (*une salade* ? un dessert ?) À bientôt ! Philippe

Salut Alex,
Merci pour ton invitation.
Malheureusement, je ne peux pas venir. Je suis déjà *en vacances* (au Portugal). Je reviens le 30 avril. Alors, on fête après. Je t'invite au restaurant. Bisous, Safia

2d Salut Simon,
Merci pour ton invitation.
Malheureusement, je ne peux pas venir à ta fête parce que nous fêtons le 30e anniversaire de mariage de mes parents.
Bises,
Caro

Cher Simon,
Merci pour ton invitation.
Je viens avec plaisir à ta fête. /
Bien sûr que je viens à ta fête !
Est-ce que j'apporte un dessert ?
À bientôt !
Daniel

E3 Qu'est-ce que je mets ?

3a

C	H	E	M	I	S	E	A	L	E	T	T	P
X	P	F	O	U	L	A	R	D	G	W	J	A
B	J	U	P	E	O	G	O	I	O	R	N	N
J	E	A	N	S	W	V	B	E	P	Y	B	T
L	T	I	C	H	A	P	E	A	U	T	O	A
C	O	S	T	U	M	E	I	N	L	I	N	L
O	V	O	A	E	F	N	B	A	L	N	N	O
C	H	A	U	S	S	U	R	E	N	U	E	N
I	M	P	E	R	M	E	A	B	L	E	T	I

une chemise, un foulard, une jupe, un jean, un chapeau, un costume, une chaussure, un imperméable, une robe, un pull, un bonnet, un pantalon

3b D – 1. C – 2.
A – 3. B – 4.

3c Farbkleckse von links nach rechts:
jaune – vert/e – bleu/e – rouge – gris/e – orange – marron – noir/e – blanc/blanche – rose

3d **Mögliche Lösung**
Avez-vous déjà votre costume? Moi oui. Je porte un jean noir, une chemise, un gilet marron, un foulard rouge, des chaussures noires et un chapeau. Vous avez deviné? Je viens en cowboy.

3e **modstyl :** Salut Carsten62 ! Wow ! *Le Prince d'Estragon* est un restaurant très chic (et très cher !). Ton entreprise aime ses employés ! Alors tu dois mettre des vêtements très *élégants* : un costume avec *une chemise* blanche ou bleu clair. N'oublie pas de mettre *une cravate* et attention à tes *chaussures* : elles doivent être bien propres. Bon diner !

3f [...]
- *Alors je mets mon jean préféré, un t-shirt et mes vieilles chaussures.*
- Mais non ! Tu dois mettre des vêtements propres et un peu chic.
- *Je peux mettre un jean noir, une chemise blanche et des chaussures marron.* C'est mieux ?
- C'est parfait ! Tu es le beau-fils idéal !

F J'achète, je vends

F1 Il me faut des œufs, du beurre et du fromage

1a 1. la famille Fréchu, 2. Lambert, 3. Héloïse et Anna

1b 1. la famille Fréchu
2. Lambert
3. Lambert
4. Héloïse et Anna

1c 1. des œufs, 2. du lait, 3. du fromage, 4. du jambon, 5. des tomates, 6. de l'huile, 7. des carottes, 8. des champignons

1d 10 bouteilles de sirop de cassis
6 pots de moutarde de Dijon
5 paquets de bonbons à l'anis
15 boites d'escargots
5 bouquets de lavande

1e Bonjour Monsieur Gaillard,
Nous désirons passer la commande suivante :
5 bouteilles de vin rouge *Château d'Aiguilhe*,
5 pots de miel de Gironde,
5 boites de pâté de campagne,
10 paquets de macarons de Saint-Émilion.
Merci d'avance.
Bien cordialement,

F2 Mes boutiques préférées

2a [...] Je sais que tu aimes les colliers, alors va *à la bijouterie* *Passion beauté*. La propriétaire est très sympa et leur vitrine est magnifique. Si tu veux rapporter un souvenir à tes parents, va *à la poterie* *Séramik*. Ils vendent de superbes vases et de belles assiettes décoratives. Tu peux aussi aller *à la papeterie* Dumas. J'adore cette boutique avec du papier à lettre très original.
Avant de rentrer, tu dois absolument aller *à la confiserie* *Les Angelots* et gouter aux macarons ou aux calissons. Délicieux ! [...]

2b **Mögliche Lösung**
Vous pouvez aller chez l'opticienne Fabienne Roy. Le personnel est très compétent.

Allez à la librairie *Bill et Bulles*. Ils vendent des livres d'occasion et le libraire est très sympa.

Pour les chocolats, allez à la confiserie *Les Délices de Blois*. Le chocolat est très bon et la vitrine est magnifique.

L

Pour le vin, vous pouvez aller à la vinothèque *Au rosé*. Ils vendent des vins de la région.

2c
- ● Salut Marcel, j'ai besoin de sucre pour mon café.
- ■ *Pas de problème. Je vais au supermarché cet après-midi.*
- ● Et tu peux acheter une pâtisserie ? Tu sais que j'aime les desserts.
- ■ *D'accord. Je vais à la pâtisserie et j'achète un éclair.*
- ● Et il me faut aussi des aspirines.
- ■ *Alors je vais aussi à la pharmacie. À bientôt !*
- ● Et tu peux aussi acheter un magazine intéressant ? Les journées sont longues.
- ■ *Je vais au bureau de tabac et j'achète ton magazine préféré.*
- ● Merci mon Marcel! C'est gentil !

F3 Une journée au marché aux puces

3a La variété des objets à vendre ★★☆
Les vendeurs ★★★
La restauration ★☆☆

3b *Unterstrichene Partizipien (Grundform):* vu (voir), appris (apprendre), été (être), voulu (vouloir), lu (lire), pris (prendre), attendu (attendre), bu (boire), eu (avoir), pu (pouvoir), choisi (choisir)

3c Dimanche, nous *avons passé* (passer) la journée au marché aux puces d'Auch. Le marché est très bien. Il se trouve sur le parking du centre commercial. C'est propre et il y a de la place. L'inscription coute 5 €. Le matin, nous *avons dit* (dire) bonjour aux autres vendeurs et nous *avons mis* (mettre) nos choses sur notre table et sur une étagère : des livres, des jeux pour enfants, des vêtements pour bébé, une lampe et deux corbeilles à papier. Nous n'*avons* pas *vendu* (vendre) beaucoup de choses. Vers 10h, une cliente *a demandé* (demander) le prix des corbeilles à papier, mais elle n'*a* rien *pris* (prendre). Plus tard, des enfants *ont acheté* (acheter) le scrabble (1,50€).
Vers midi, nous *avons fait* (faire) une pause. Nous *avons été* (être) au snack-bar. Jocelyne *a bu* (boire) un café et j'*ai mangé* (manger) un mauvais croque-monsieur. Beurk ! 😫 L'après-midi, nous *avons eu* (avoir) plus de chance. Une cliente *a vu* (voir) les vêtements et elle *a* tout *pris* (prendre). 😀 Finalement, nous sommes satisfaits de notre expérience.

3d **Mögliche Lösung**
Chère Dahlia,
Hier, nous avons fait un tour à Avignon. Le matin, nous avons pris le petit-déjeuner au *Café du marché*. Là, nous avons bu un café et mangé un croissant. Ensuite, nous avons acheté un pull rouge en laine et des sandales en cuir à la boutique *La Farandole*. Puis, nous sommes allés au marché aux puces. Nous avons acheté trois livres de poche pour 6 € et deux bandes dessinées pour 8 € seulement ! [...]

G Au restaurant

G1 Une cuisine exceptionnelle

1a Mme Mésange choisit le restaurant *Le Tour de France* parce que ce restaurant est ouvert *le lundi soir (7 jours sur 7)*, parce qu'ils servent *des plats végétariens*, parce que le service est *chaleureux et personnalisé*, parce que la cuisine est *française* et parce qu'il y a de la place pour *dix (maximum 30)* personnes.

1b Hier, mon mari et moi, nous sommes allés au restaurant *La Courgette carnivore* et nous avons passé une très *mauvaise* soirée. Dans ce restaurant, la cuisine est très *simple* et *traditionnelle*. L'équipe est très *désagréable*. Nous avons trouvé le service *lent* et *chaotique*. Nous n'avons pas aimé l'ambiance : le décor est *banal*. En plus, la salle est *bruyante* et n'est pas *climatisée*. Il y a un jardin, mais il se trouve à côté d'un boulevard. Le parking est trop *petit*. Plus jamais !

1c **Mögliche Lösung**
Mardi soir, j'ai passé une excellente soirée avec mes amies Claire et Lucie. Nous avons mangé au restaurant *La Carotte bleue*.
La cuisine est moderne. Ils servent des produits typiques de la région. Le service est chaleureux. Le décor est original.
Il y a une jolie terrasse située dans un jardin magnifique.

G2 Une table près de la fenêtre

2a Date : *lundi, le 24 octobre*
Heure : *à 19h*
Nombre de personne(s) : *12 personnes*
Nom : *Frédérique Lecomte*
Table ☒ sur la terrasse

2b Madame, Monsieur,
Je voudrais réserver une table près de la fenêtre pour trois personnes pour le 23 avril à midi / à 12h.
Merci d'avance.
Salutations cordiales,
Renaud Dumont

G3 À la carte

3a Entrées : *~~mousse au chocolat~~ → 6 escargots*
Plats : *~~riz~~ → steak au poivre*
Garnitures : *~~steak au poivre~~ → riz*
Desserts : *6 ~~escargots~~ → mousse au chocolat*

3b Bonjour Tobias,
[...]. Dans la ratatouille, il y a *des aubergines, des courgettes, des tomates, des ognons*, de l'ail et des herbes de Provence.
La crème brulée et la tarte tatin sont des desserts. La crème brulée est composée de jaunes d'œufs, de crème, de vanille et de caramel. On prépare la tarte tatin avec une pâte à tarte, *des pommes, du beurre et du sucre.* [...]
Cordialement,
Ihr Name

3c Bonjour Suzanne, Je suis végane, alors je choisis l'*assiette de crudités* en entrée, le *couscous et ratatouille* en plat et la *salade de fruits exotiques* en dessert.
Marisol

Bonjour Mme Branly, Je suis allergique à l'ail, aux œufs et aux ananas. Alors je vais prendre la *salade de chèvre chaud* en entrée. La vinaigrette est bien sans ail ? Comme plat, je choisis le *steak au poivre*. Je peux avoir des frites comme garniture? Comme dessert, je prends la *tarte tatin*. Ou est-ce qu'il y a des œufs dans la pâte à tarte ? Roselin Lefrançois

Chère Suzanne, J'adore le poisson et les ragouts alors je choisis *la terrine de cabillaud en entrée* et *le cassoulet comme plat principal*. Je ne vais pas manger de dessert, mais pour terminer le repas, je vais prendre *l'assiette de trois fromages*. À bientôt ! Armand

3d **Mögliche Lösung**
- ● Je suis désolé, mais je vais arriver en retard. J'ai manqué mon bus.
- ■ D'accord. Nous entrons dans le restaurant. La réservation est à quel nom ?
- ● *J'ai réservé au nom de Blanchard.*
- ■ Le serveur arrive. Est-ce que tu veux un apéritif ?
- ● *Non merci.*
  Je préfère boire du vin avec mon plat.
- ■ Et qu'est-ce que tu prends comme entrée ?
- ● *Je choisis la salade de chèvre chaud. Elle est très bonne.*
- ■ Et comme plat ?
- ● *Je prends le pavé de saumon avec du riz comme garniture.*
- ■ Est-ce que tu arrives bientôt ?
  Le serveur apporte les entrées.
- ● *Je suis là dans cinq minutes.*
  À tout de suite !

H Sortir

H1 Qu'est-ce qu'on fait ce weekend ?

1a 1. Le *Discoplex*, 2. Le cirque *Léo et Cavallo*, 3. L'insectarium, 4. L'opéra *Don Giovanni*

1b
1. À l'insectarium, les visites guidées sont le samedi matin à onze heures et quart / 11h15. = vrai
2. Le dimanche, l'opéra commence à deux heures moins dix / 13h50 de l'après-midi. = faux
3. La discothèque ouvre à dix heures et demie / 22h30 du soir. = vrai
4. Le mardi soir, le cirque commence à sept heures et quart / 19h15. = faux

1c
- Non, parce que le *Discoplex* ouvre à 22h30.
- Oui, parce que la visite commence à 11h (et que le cours finit à 10h35.)
- Non, parce que la représentation du dimanche commence à 14h15.

1d *La Neuvième Fenêtre :* film d'horreur
La Dame aux bégonias : film romantique
Bienvenue chez les P'tits : comédie
Boum ! : film d'action

1e
- ■ Salut Gaya! On va au cinéma cette semaine ?
- ● Oui. Avec plaisir ! Il y a un film romantique ?
- ■ Oui, c'est *La Dame aux bégonias*, mais il passe jeudi après-midi. On travaille, nous... Mais, il y a d'autres films : *La Neuvième Fenêtre*, *Boum !* et *Bienvenue chez les P'tits*.
- ● La comédie a eu de bonnes critiques dans le journal. Elle passe quand ?
- ■ Samedi à 16h30 ou à 19h15.
- ● À 16h30, c'est parfait. Alors, rendez-vous devant le cinéma.
- ■ C'est noté ! À samedi !

1f Chère Dorothée,
Je suis désolée, mais je ne peux pas aller au cinéma samedi à 16h30.
Je dois travailler jusqu'à 18h30.
Si tu veux, nous pouvons regarder le film à 19h15. Tu es d'accord ?
Bisous,
Gaya

1g
- ● C'est la fête de la musique aujourd'hui. Qui vient en ville avec moi ce soir ? Les groupes *Quasi-modo* et les *Blue Jeans* donnent des concerts.
- ■ **Juliette :** Wow ! Bien sûr que je viens. J'adore Quasi-modo !
- ■ **Marion** : Je ne peux pas venir. Je suis malade. J'ai une grosse grippe.
- ■ **Karim :** Je ne sais pas trop. C'est à quelle heure ?
- ● Le premier concert commence à 21h sur la place du Marché. On peut prendre une bière au *Café du marché* avant, si vous voulez.
- ■ **Éléonore** : Je suis trop fatiguée. Je préfère rester à la maison.
- ■ **Karim** : D'accord pour la bière. Rendez-vous au café à 20h ?
- ■ **Juliette** : C'est parfait !
- ● OK. Ça me va aussi. À ce soir !

H2 Quel temps magnifique !

2a Le matin, il y a de la pluie. L'après-midi, il ne pleut pas, mais il y a des nuages et du vent. Il fait entre 18 et 22°C.
Le matin, il fait gris. L'après-midi, il fait beau et chaud. Il y a du soleil et il fait entre 20 et 27°C.
Le matin, il fait beau, mais il y a des nuages. Il fait 18°C. L'après-midi, il fait très humide et il y a des orages.
Timothée va aller à la piscine samedi (après-midi).

2b Lundi après-midi, il fait beau, alors nous pouvons faire un pique-nique.
Mardi, il pleut, alors on va au musée d'histoire.
Mercredi, il fait 35 °C, alors on va à la plage et on mange une glace.
Jeudi, il y a du vent et on va faire de la voile.

2c **Mögliche Lösung**

2. À Orleans, il fait 7 °C.
3. Oui, il y a du vent à Brest.
4. À Marseille, il y a du soleil et il fait 14 °C.
5. Non, parce qu'il fait beau à Ajaccio.
6. À Toulouse, il y a des nuages. Il fait 11 °C.
7. Non, parce qu'à Lyon, il fait gris et il pleut.
8. À Strasbourg, il fait 3 °C.

H3 Des projets

3a Chère Nicole,
Cette année, nous *partons* en vacances avec mes parents. Ça va être super ! Thomas est d'accord pour *passer* ses vacances avec ses beaux-parents et Nathan et Mariette sont très *contents* ! Nous allons louer une maison ensemble *près* de Montpellier. Fido vient avec nous bien sûr ! Les animaux sont acceptés dans la maison à Montpellier.
On va faire *beaucoup* d'activités sympas dans la région. On va *faire* de la randonnée et manger des glaces. On va *aller* au musée. Mamie et Papi vont faire un peu de babysitting. 🙂 Je vais pouvoir *lire* un bon roman policier.
Tu veux venir nous retrouver avec Gilbert pour un weekend ? La maison est *grande* et nous avons une chambre libre (Gilbert peut dormir dans la chambre des enfants). Et puis, Nathan va être content d'avoir un copain. Bisous, Marjolaine

1. Ils vont habiter dans une grande maison.
2. Il s'appelle Thomas.
3. Elle aime lire des romans policiers.
4. Elle invite Nicole à rester un weekend.
5. Gilbert est le fils de Nicole.

3b
- ● Alors les amis, qu'est-ce que vous *allez* faire le weekend prochain ?
- ■ **Juliette :** Philippe et moi, on *va* passer un weekend romantique à Cannes.
- ■ **Marion :** Vous avez de la chance ! Moi, je suis toujours malade, alors je *vais* rester au lit.
- ■ **Éléonore** : Ma sœur et son fiancé *vont* fêter leur mariage à La Ciotat. Nous *allons* célébrer ça avec eux.
- ■ **Karim :** Je ne sais pas trop. Et toi Florent, qu'est-ce que tu *vas* faire ?
- ● S'il pleut, je *vais* probablement faire le ménage.
- ■ **Karim** : Faire le ménage ? Toi ? Bien sûr ! 😂 Sérieusement, il *va* faire beau samedi. Alors on *va* pouvoir jouer au badminton au parc. Ça te dit ?
- ● Bonne idée ! À 14h ?
- ■ **Karim** : Super ! À samedi !

3c **Mögliche Lösung**

Bonjour mes chéris,
Voici le planning du jour du mariage :
Le matin, à 8h30, Ophélie et Éléonore vont aller chez le coiffeur.
Tim va chercher les fleurs pour le mariage et Abélard va pratiquer son discours.
L'après-midi, à 14h30, on va aller à la mairie pour la cérémonie du mariage.
À 16h, nous allons boire le vin d'honneur et à 18h30, nous allons manger au restaurant *La Cigale souriante*.
Le soir, pour ouvrir le bal, Ophélie va danser la valse avec son mari. Après, Éléonore va chanter et Tim va jouer de la guitare. Et puis, Abélard va faire son discours.
J'espère que tout va bien se passer !!
Maman

I Hébergement et voyage

I1 Un petit hôtel charmant

1a 1. vrai, 2. faux, 3. on ne sait pas, 4. vrai, 5. faux

1b
- ■ Salut Carla, l'hôtel a l'air super, mais j'ai quelques questions. Combien coutent les chambres doubles ?
- ● Environ 85€ la nuit.
- ■ Ah ! Ce n'est pas trop cher. Est-ce qu'il y a un ascenseur ?

- Non, mais vous êtes sportifs, Michel et toi. 😊 À propos, il y a une piscine magnifique au 3e étage.
- Et est-ce que les animaux sont admis ?
- Je ne sais pas. Envoie un mail à l'hôtel. Leur adresse mail est : echauguette@hotel.fr.
- Merci Carla !

1c Madame, Monsieur,
Je voudrais réserver une chambre *double* pour sept nuits, du 1er au 8 juin.
J'ai encore *des questions*. Est-ce que *les animaux* sont acceptés ? Nous allons venir avec un petit chien.
Est-ce que nous pouvons arriver après 22h ? Est-ce que le petit-déjeuner est *inclus* dans le prix ? Il est servi jusqu'à quelle heure ? À quelle heure est-ce que nous devons quitter *la chambre* ?
Est-ce qu'il y a *le Wi-Fi* dans les chambres ?
Merci d'avance pour votre réponse.
Cordialement,
William Perrin

1d Monsieur,
Merci pour votre courriel. Nous avons réservé pour vous une chambre *simple du 8 au 11 juin*. La chambre coute 85 € et les petits animaux sont admis (supplément de 5 € par jour).
Vous pouvez arriver après 22h. Notre réception est ouverte 24h sur 24. Nous servons le petit-déjeuner *dans le jardin, au restaurant ou dans votre chambre. La femme de chambre fait le ménage tous les jours* et la connexion Internet est disponible dans toutes les chambres.
Cordialement,
Denis Létourdi

1e Monsieur,
Merci pour votre courriel. Nous avons réservé pour vous *une chambre double du 1er au 8 juin.*
Voici les informations supplémentaires demandées : La chambre coute 85 €.
Le petit-déjeuner est inclus dans le prix.
Il est servi entre 7h et 10h30.
Vous devez quitter la chambre à 11h.
Salutations cordiales,
Manuel Leclair

1f Mögliche Lösung

Madame, Monsieur,
Je voudrais réserver une chambre double du 7 au 9 aout.
J'ai encore quelques questions : Combien coute la chambre ? Est-ce que le petit-déjeuner et le Wi-Fi sont inclus dans le prix ? Est-ce que nous pouvons arriver après 21h ?
Merci d'avance pour votre réponse.
Bien cordialement,
Alain Gendron

1g Mögliche Lösung

Madame, Monsieur,
Je voudrais réserver trois chambres simples pour trois nuits du 6 au 9 aout.
Est-ce qu'il y a le Wi-Fi dans les chambres ?
Salutations cordiales,
Brigitte Delenay, Jamboniel

12 Des vacances en famille

2a En tente ou *en camping-car*, venez vivre une expérience extraordinaire au camping 5 étoiles *Les Rêveurs*. Toutes *les parcelles* sont équipées d'une connexion d'eau, d'*électricité* (6 ampères) et de drainage. [...]

Venez passer la nuit dans notre phare !
Du haut de ses 25 mètres, le phare permet *une vue panoramique* à 360° sur la côte bretonne. Il se compose d'une pièce principale avec *lit double*, canapé « clic-clac » et coin cuisine, salle d'eau avec WC. Maximum quatre *personnes*. [...]

Situé dans un espace naturel (à 20 m de la plage), l'Auberge de Jeunesse dispose de 10 chambres de 5 lits.
En famille ou *entre amis*, venez passer des vacances de rêve avec nous.
Nos animateurs proposent des activités pour les enfants de 3 à 12 ans : bricolages, jeux à la plage, ...

Animations pour tous : pétanque, promenades dans le parc naturel, cours de voile.

2b La famille Meunier va choisir l'Auberge de Jeunesse.

2c [...]

- ■ C'est ça. *Est-ce que nous pouvons venir avec notre chien Médor ?*
- ● Oui. Les animaux sont acceptés.
- ■ *Est-ce qu'il y a le Wi-Fi sur le camping ?*
- ● Non, mais on a accès à Internet dans la salle de séjour.
- ■ *Est-ce qu'il y a un supermarché près du camping ?*
- ● Oui. L'épicerie est à 100m.
- ■ *Est-ce que les parcelles sont équipées d'une connexion d'eau et d'électricité ?*
- ● Il y a une connexion d'eau, mais seulement 10 parcelles ont l'électricité.

[...]

2d **Mögliche Lösung**

Madame, Monsieur,
Je voudrais réserver une parcelle pour un camping-car du 1er au 8 aout avec connexion d'eau.
Merci d'avance.
Cordialement,

I3 Bon séjour !

3a
1. On peut laver ses vêtements dans le bâtiment C.
2. Les jours de marché sont le mercredi et le samedi.
3. Il y a une salle de séjour.
4. On peut faire du bruit jusqu'à 22h.
5. Il s'appelle M. Collet.

3b 1. – c. 2. – a. 3. – d. 4. – b.

3c
1. La douche ne fonctionne pas.
2. Il n'y a pas d'électricité.
3. Est-ce qu'on peut prendre le bus pour aller en ville ?
4. Est-ce que le supermarché est ouvert le dimanche ?
5. Est-ce que vous vendez des plans de la ville ?

J Raconte-moi

J1 Mon journal

1a
1. Elle est allée à Dijon.
2. Elle est allée là pour participer à un congrès.
3. Elle a voyagé en train.
4. Elle a mangé au restaurant.
5. Elle est rentrée vers 22h30.

1b **Positif :** Elle a voyagé avec son collègue préféré. Elle a passé un moment agréable avec Francine et Léopold au bar.
Négatif : Elle est partie tôt le matin. À Dijon, elle a écouté une conférence pas très intéressante. À midi, elle a rencontré des clients très énervants et elle a dû déjeuner avec eux au restaurant. Le soir, elle a regardé un mauvais film au cinéma.

1c Ce matin, *je suis* allé à Dijon en train avec ma collègue Jacinthe. Nous *avons* participé au congrès *Stratégies commerciales*. Pendant la pause, j'*ai* rencontré Marianne Sodir, une ancienne amie. Elle travaille maintenant chez GDTV, notre concurrent. J'*ai* déjeuné avec elle dans une brasserie. Elle est vraiment très sympa et elle *a* raconté des choses intéressantes. Après, nous *sommes* retournés au Palais des Congrès. À 18h, je *suis* rentré à l'hôtel avec Jacinthe et Francine, une autre collègue. On *a* pris l'apéro au bar. Puis, mes collègues *sont* parties et moi, j'*ai* téléphoné à Marianne.
Nous *avons* visité Dijon « by night ».
Quelle belle journée (et soirée) !

1. Marianne Sodir est une ancienne amie.
2. Ils ont déjeuné dans une brasserie.
3. Il est rentré à 18h.
4 Il a téléphoné à Marianne et après, il a visité Dijon « by night » avec elle.

1d Aujourd'hui comme tous les matins, je *suis allée* au travail. Je *suis arrivée* à 8h. J'*ai dit* bonjour à Mme Suzeau et j'*ai ouvert* le magasin. Cette semaine, je suis à la caisse.

Deux clientes *sont arrivées* : une grande dame corpulente et une petite femme mince. La petite cliente *a regardé* les parfums et *a demandé* des conseils. L'autre dame, la grande, *est allée* voir les produits de beauté. Tout à coup, la grande cliente *est tombée*. Boum ! Badaboum ! Les vendeurs *sont allés* l'aider et moi, je *suis restée* à ma place et j'*ai regardé* l'autre cliente. Elle *a pris* un flacon de parfum et elle *a mis* le produit dans son sac à main. J'*ai appelé* Mme Suzeau. Elle *est venue* tout de suite et *a parlé* à la cliente suspecte. On *a trouvé* le parfum dans son sac. Mme Suzeau *a appelé* la police et les gendarmes *sont venus*. J'*ai eu* des félicitations et une bouteille de shampoing de luxe comme remerciement. [...]

1e Mögliche Lösung

Hier, je suis resté toute la journée à la maison. J'ai lu un bon livre et j'ai surfé sur Internet. J'ai aussi fait du jardinage. Le soir, j'ai diné avec mon copain Pascal. Nous avons regardé un match de foot à la télé. Je suis allé au lit à 23h.

J2 Mes vacances

2a **A** Cher Arnaud,
Nous passons quelques jours à Colmar en décembre. C'est magnifique ! Hier, nous sommes allés au marché de Noël. Nous avons bu un vin chaud et nous avons écouté un concert sur une place. J'ai acheté une « pyramide de Noël ». Tu connais ? Aujourd'hui, il a neigé alors nous avons fait une promenade romantique dans la ville. J'ai adoré le quartier de la petite Venise. Demain, nous allons visiter le musée Unterlinden avec son célèbre retable d'Issenheim de Mathias Grünewald. Bises,
Océane et Blaise

B Coucou Mélodie !
Tout est beau à Nice : les palmiers, ma chambre d'hôtel, les gens ! Il fait chaud (38°C) et il y a du soleil, du soleil et encore du soleil ! Je vais à la plage tous les jours. Je vais revenir bronzée à la maison ! Hier, je suis allée sur la promenade des Anglais et j'ai fait un peu de roller. Ensuite, j'ai pris place sur une chaise bleue et j'ai regardé la baie des Anges. Quel plaisir ! Je rentre jeudi soir. Merci encore d'arroser mes plantes.
Bisous, Perrine

2b [...] Je suis sur la route des châteaux de la Loire et *je passe* des vacances de rêve ! La semaine dernière, *j'ai visité* les châteaux de Villandry, de Blois et de Chenonceau. En avril, c'est bien : *il n'y a pas* beaucoup de touristes et les jardins sont magnifiques avec des tulipes et des narcisses. Demain, *je vais aller* à Chambord et *je vais faire* une visite guidée. C'est intéressant d'avoir des informations sur la construction du château, sur l'architecte, etc... J'espère que vous allez bien. *Je vous embrasse,*
Quentin

2c Mögliche Lösung

Cher André,
Nous passons nos vacances à Nantes.
La ville est super / magnifique. Il fait beau.
Hier, nous avons visité le Jardin des plantes. Les enfants ont adoré !
Aujourd'hui, nous visitons / nous allons visiter le Château des ducs de Bretagne.
Nous voulons faire une visite guidée. Nous revenons vendredi. Merci encore d'arroser nos plantes !
À bientôt !
Charles

J3 Un grand merci !

3a Chère Marjolaine,
Nous sommes bien revenus à la maison, Gilbert et moi. Merci encore pour ce beau weekend. Gilbert a eu beaucoup de plaisir avec Nathan. Grâce à toi, nous avons découvert Montpellier. Quelle belle ville ! Merci aussi à Mamie Thérèse pour le babysitting. J'ai pu me reposer et faire de la natation. La plage, ça fait du bien ! Ta famille est vraiment super. Si tu veux, tu peux passer par chez nous au retour.

On peut faire un barbecue ensemble s'il fait beau ! Je t'embrasse bien fort ! Dis bonjour à ta famille de ma part !
Nicole
P.S. : J'ai oublié mes lunettes de soleil chez vous. Tu peux les garder jusqu'à notre prochain rendez-vous ?

3b [...] Nous avons passé *un excellent séjour* chez vous. L'appartement est *magnifique* et très bien équipé (lave-linge ET *lave-vaisselle*, wow !). En plus, il est *très central*. Nous avons visité plusieurs monuments historiques du quartier et nous sommes allés au festival des arts de la rue Fest'arts. Nous avons vu plusieurs spectacles et *nous avons adoré* ! Merci aussi pour le plan du centre-ville et pour les suggestions de restaurant. Nous *avons déjeuné* au Bistrot des Daguets et nous avons diné à la Pizzeria du Vieux Four. [...]

3c **Mögliche Lösung**
Chère Yasmine,
Un grand merci pour ce weekend magnifique. Grâce à toi, j'ai découvert Paris. Quelle belle ville !
Merci aussi à tes parents. Ils sont vraiment super ! Dis bonjour à ta famille de ma part.
À bientôt !

Quellenverzeichnis

Cover, Rücktitel: © Syda Productions - stock.adobe.com

Fotos Innenteil:

S. 7: 1a © Thinkstock/Wavebreakmedia Ltd; 1b © Getty Images/iStock/AaronAmat
S. 8: 1c © Getty Images/iStock/RossHelen
S. 9: 2a © Thinkstock/iStock; 2b © Getty Images/Digital Vision/Yuri_Arcurs
S. 11: 3a © Getty Images/iStock/Valeriy_G
S. 12: Blockblatt © Thinkstock/iStock/seamartini
S. 13: Flaggen © Thinkstock/iStock/Iakov Filimonov; Frau © Thinkstock/iStock/Wavebreakmedia
S. 14: Gruppenfoto © Getty Images/E+/FatCamera
S. 15 Frau © Corbis/Onoky/Eric Audras
S. 16: 1f © Getty Images/E+/Juanmonino
S. 17: 1g © Thinkstock/iStock/LDProd; 1h © Getty Images/E+/Juanmonino
S. 18: 1 © Getty Images/E+/CoffeeAndMilk; 2 © Thinkstock/iStock/Juanmonino; 3 © Thinkstock/iStock/Kuzma; 4 © Getty Images/iStock/Poike
S. 19: oben © Getty Images/iStock/fizkes; mittig © Getty Images/iStock/Ranta Images; unten © Thinkstock/AbleStock.com/Hemera Technologies, Emoji © Getty Images/iStock/pixelliebe
S. 20: 1 © Thinkstock/iStock/Ljupco; 2 © fotolia/Fatman73; 3 © Thinkstock/iStock/Lemon_tm; 4 © Getty Images/iStock/Anthony Boulton; 5 © iStockphoto/eremm; 6 © Getty Images/E+/xxmmxx
S. 21: © Getty Images/iStock/artisteer
S. 23: oben © Thinkstock/Fuse; mittig © Thinkstock/Hemera; unten © Thinkstock/iStock/FurmanAnna
S. 24: Emojis © Getty Images/iStock/pixelliebe
S. 25: 2c © Thinkstock/iStock/SanneBerg
S. 29: Foto © Getty Images/iStock/ah_fotobox
S. 32: 1 © Thinkstock/iStock/semakokal; 2 © fotolia/philipus; 3 © Thinkstock/iStock/Elenathewise; 4 © Getty Images/iStock/ismagilov
S. 33: Grundriss © Getty Images/iStock/BardoczPeter
S. 34: Stadtplan: Isabel Heß, Geretsried
S. 36: Fußabdruck © Getty Images/iStock/liveslow; Schnuller © Getty Images/iStock/Artem Koviazin; Herzballon © Getty Images/iStock/Belliely
S. 38: Frauen © iStock/pixelfit; Luftballons © Thinkstock/iStock/wabeno
S. 39: Emoji © Getty Images/iStock/pixelliebe
S. 40: Luftschlangen © Getty Images/iStock/pixelliebe
S. 41: Gruppenfoto © Getty Images/iStock/Kzenon
S. 42: Cowboy © Getty Images/E+/Andrew Howe; 3e: Mann © Thinkstock/Digital Vision/Kim Carson; Puppe © PantherMedia/Kai Krüger
S. 43: Emoji © Getty Images/iStock/pixelliebe; Foto © Thinkststock/iStock/InnerVisionPRO
S. 44: links © Getty Images/E+/Juanmonino; mittig © Getty images/E+/theboone; rechts © Thinkstock/iStock/Maridav
S. 45: 1 © Thinkstock/iStock/dfstyle, 2 © Thinkstock/iStock/anna1311; 3 © iStock/fcafotodigital; 4 © Thinkstock/iStock/etienne voss; 5 © Thinkstock/iStock/Photozek07; 6 © fotolia/Angel Simon; 7 © Thinkstock/iStock/ClaudioVentrella; 8 © Thinkstock/iStock/SasaJo; Emoji Herz © Getty Images/iStock/pixelliebe
S. 47: Bücher © Thinkstock/iStock/Yuliya_Verovski; Brille © Getty Images/iStock/Elena Brovko; Wein © Getty Images/iStock/Tetkoren; Macarons © Meliha - stock.adobe.com
S. 48: Foto © iStockphoto/parema
S. 49: Emoji © Getty Images/iStock/pixelliebe
S. 51: Frankreichkarte © fotolia/jusep; Fahrrad © Getty Images/iStock/Christian Horz; Tandem © Getty Images/iStock/Tanya St; Transportfahrrad © Getty Images/iStock/PIKSEL
S. 52: Karotte: Irmtraud Guhe, München
S. 54: Schnecken © Thinkstock/iStock/Skystorm; Lachs © fotolia/pioneer111; Bratkartoffeln © Getty Images/iStock/gerenme; Pudding © Getty Images/iStock/etorres69
S. 56: Foto © Getty Images/E+/Geber86
S. 58: Filmklappe © Thinkstock/iStock/Alex Belomlinsky
S. 60: Gitarrist © Getty Images/iStock/Chinnapong
S. 61: Wettersymbole © Thinkstock/iStock/Wonderfulpixel
S. 62: Wettersymbole © fotolia/artcop; Frankreichkarte © iStockphoto/FrankRamspott
S. 63: Familie © Thinkstock/Wavebreak Media; Emoji © Getty Images/iStock/pixelliebe
S. 64: Emoji © Getty Images/iStock/pixelliebe
S. 65: Brautstrauß © Thinkstock/iStock/Chrapuscule
S. 66: Hotel © fotolia/Tiberius Gracchus
S. 67: Emoji © Getty Images/iStock/pixelliebe
S. 68: Mann © Thinkstock/iStock/LightFieldStudios
S. 70: oben © Michal Adamczyk - stock.adobe.com; mittig © Getty Images/iStock/fisfra; unten © Getty Images/iStock/kodachrome25
S. 71: Emoji, Herz © Getty Images/iStock/pixelliebe
S. 77: A © Getty Images/iStock/serts; B © Getty Images/iStock/mrtom-uk
S. 78: Briefmarke © Getty Images/iStock/sanchesnet1
S. 79: Familie © Getty Images/E+/Geber86#
S. 81: Emoji © Getty Images/iStock/pixelliebe
S. 82: Emoji © Getty Images/iStock/pixelliebe
S. 83: Emoji © Getty Images/iStock/pixelliebe
S. 87: Emoji © Getty Images/iStock/pixelliebe
S. 88: Emoji © Getty Images/iStock/pixelliebe
S. 90: Emoji © Getty Images/iStock/pixelliebe
S. 91: Emoji © Getty Images/iStock/pixelliebe
S. 92: Emoji © Getty Images/iStock/pixelliebe

Bildredaktion:
Sophie Bischoff, Hueber Verlag, München